近代区域文化系列

广州史话

A Brief History of Guangzhou

张苹　张磊 / 著

社会科学文献出版社
SOCIAL SCIENCES ACADEMIC PRESS (CHINA)

图书在版编目（CIP）数据

广州史话/张苹，张磊著.—北京：社会科学文献出版社，2011.8
（中国史话）
ISBN 978-7-5097-1977-0

Ⅰ.①广… Ⅱ.①张… ②张… Ⅲ.①广州市-地方史 Ⅳ.①K296.51

中国版本图书馆CIP数据核字（2011）第111366号

"十二五"国家重点出版规划项目

中国史话·近代区域文化系列

广州史话

著　　者 / 张　苹　张　磊

出 版 人 / 谢寿光
总 编 辑 / 邹东涛
出 版 者 / 社会科学文献出版社
地　　址 / 北京市西城区北三环中路甲29号院3号楼华龙大厦
邮政编码 / 100029

责任部门 / 人文科学图书事业部　(010) 59367215
电子信箱 / renwen@ssap.cn
责任编辑 / 赵云田
责任校对 / 黄　丹
责任印制 / 岳　阳
总 经 销 / 社会科学文献出版社发行部
　　　　　 (010) 59367081　59367089
读者服务 / 读者服务中心 (010) 59367028

印　　装 / 北京画中画印刷有限公司
开　　本 / 889mm×1194mm　1/32　印张 / 5.625
版　　次 / 2011年8月第1版　字数 / 103千字
印　　次 / 2011年8月第1次印刷
书　　号 / ISBN 978-7-5097-1977-0
定　　价 / 15.00元

本书如有破损、缺页、装订错误，请与本社读者服务中心联系更换
▲ 版权所有　翻印必究

《中国史话》
编辑委员会

主　　任　陈奎元

副主任　武　寅

委　　员　（以姓氏笔画为序）

　　　　　　卜宪群　王　巍　刘庆柱

　　　　　　步　平　张顺洪　张海鹏

　　　　　　陈祖武　陈高华　林甘泉

　　　　　　耿云志　廖学盛

总 序

中国是一个有着悠久文化历史的古老国度,从传说中的三皇五帝到中华人民共和国的建立,生活在这片土地上的人们从来都没有停止过探寻、创造的脚步。长沙马王堆出土的轻若烟雾、薄如蝉翼的素纱衣向世人昭示着古人在丝绸纺织、制作方面所达到的高度;敦煌莫高窟近五百个洞窟中的两千多尊彩塑雕像和大量的彩绘壁画又向世人显示了古人在雕塑和绘画方面所取得的成绩;还有青铜器、唐三彩、园林建筑、宫殿建筑,以及书法、诗歌、茶道、中医等物质与非物质文化遗产,它们无不向世人展示了中华五千年文化的灿烂与辉煌,展示了中国这一古老国度的魅力与绚烂。这是一份宝贵的遗产,值得我们每一位炎黄子孙珍视。

历史不会永远眷顾任何一个民族或一个国家,当世界进入近代之时,曾经一千多年雄踞世界发展高峰的古老中国,从巅峰跌落。1840年鸦片战争的炮声打破了清帝国"天朝上国"的迷梦,从此中国沦为被列强宰割的羔羊。一个个不平等条约的签订,不仅使中国大量的白银外流，更使中国的领土一步步被列强侵占，国库亏空，民不聊生。东方古国曾经拥有的辉煌，也随着西方列强坚船利炮的轰击而烟消云散，中国一步步堕入了半殖民地的深渊。不甘屈服的中国人民也由此开始了救国救民、富国图强的抗争之路。从洋务运动到维新变法，从太平天国到辛亥革命，从五四运动到中国共产党领导的新民主主义革命，中国人民屡败屡战，终于认识到了"只有社会主义才能救中国，只有社会主义才能发展中国"这一道理。中国共产党领导中国人民推倒三座大山，建立了新中国，从此饱受屈辱与蹂躏的中国人民站起来了。古老的中国焕发出新的生机与活力，摆脱了任人宰割与欺侮的历史，屹立于世界民族之林。每一位中华儿女应当了解中华民族数千年的文明史，也应当牢记鸦片战争以来一百多年民族屈辱的历史。

当我们步入全球化大潮的 21 世纪，信息技术革命迅猛发展，地区之间的交流壁垒被互联网之类的新兴交流工具所打破，世界的多元性展示在世人面前。世界上任何一个区域都不可避免地存在着两种以上文化的交汇与碰撞，但不可否认的是，近些年来，随着市场经济的大潮，西方文化扑面而来，有些人唯西方为时尚，把民族的传统丢在一边。大批年轻人甚至比西方人还热衷于圣诞节、情人节与洋快餐，对我国各民族的重大节日以及中国历史的基本知识却茫然无知，这是中华民族实现复兴大业中的重大忧患。

中国之所以为中国，中华民族之所以历数千年而不分离，根基就在于五千年来一脉相传的中华文明。如果丢弃了千百年来一脉相承的文化，任凭外来文化随意浸染，很难设想13亿中国人到哪里去寻找民族向心力和凝聚力。在推进社会主义现代化、实现民族复兴的伟大事业中，大力弘扬优秀的中华民族文化和民族精神，弘扬中华文化的爱国主义传统和民族自尊意识，在建设中国特色社会主义的进程中，构建具有中国特色的文化价值体系，光大中华民族的优秀传统文化是一件任重而道远的事业。

当前，我国进入了经济体制深刻变革、社会结构深刻变动、利益格局深刻调整、思想观念深刻变化的新的历史时期。面对新的历史任务和来自各方的新挑战，全党和全国人民都需要学习和把握社会主义核心价值体系，进一步形成全社会共同的理想信念和道德规范，打牢全党全国各族人民团结奋斗的思想道德基础，形成全民族奋发向上的精神力量，这是我们建设社会主义和谐社会的思想保证。中国社会科学院作为国家社会科学研究的机构，有责任为此作出贡献。我们在编写出版《中华文明史话》与《百年中国史话》的基础上，组织院内外各研究领域的专家，融合近年来的最新研究，编辑出版大型历史知识系列丛书——《中国史话》，其目的就在于为广大人民群众尤其是青少年提供一套较为完整、准确地介绍中国历史和传统文化的普及类系列丛书，从而使生活在信息时代的人们尤其是青少年能够了解自己祖先的历史，在东西南北文化的交流中由知己到知彼，善于取人之长补己之短，在中国与世界各国愈来愈深的文化交融中，保持自己的本色与特色，将中华民族自强不息、厚德载物的精神永远发扬下去。

《中国史话》系列丛书首批计200种，每种10万字左右，主要从政治、经济、文化、军事、哲学、艺术、科技、饮食、服饰、交通、建筑等各个方面介绍了从古至今数千年来中华文明发展和变迁的历史。这些历史不仅展现了中华五千年文化的辉煌，展现了先民的智慧与创造精神，而且展现了中国人民的不屈与抗争精神。我们衷心地希望这套普及历史知识的丛书对广大人民群众进一步了解中华民族的优秀文化传统，增强民族自尊心和自豪感发挥应有的作用，鼓舞广大人民群众特别是新一代的劳动者和建设者在建设中国特色社会主义的道路上不断阔步前进，为我们祖国美好的未来贡献更大的力量。

陈奎元

2011年4月

⊙张 苹

作者小传

张苹,女,1970年9月出生于广州。历史学副研究员。1988年~1992年就读于华南师范大学历史系。毕业至今在广州市社会科学院历史研究所工作。主要从事中国近代史及广州地方史研究。现任广东文史学会理事、广东史学会理事、《广州通史》编委会秘书长等职。独立主持和参与国家级、省市级重大科研项目十余项。

⊙张 磊

作者小传

张磊，1933年生于天津。历史学研究员。1950~1958年在北京大学历史系学习，本科及研究生毕业。1958年至今在广东省社会科学院工作，主要从事中国近代史——是孙中山与辛亥革命研究。曾任广东省社会科学院院长、广东省社会科学联合会主席、中国史学会副会长等职，兼任中山大学、南京大学等院校教授、研究员。主要著述近30种，另有论文百余篇。曾获得中国图书奖、广东特别学术成就奖等奖项。

目 录

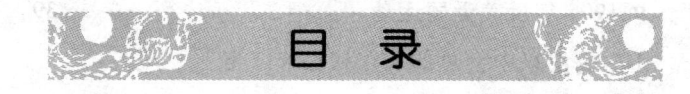

引 言 ………………………………………… 1

一 广州今昔两千载 ………………………… 2
 1. 任嚣城与赵佗城 ……………………… 2
 2. "广州"的由来 ………………………… 3
 3. 三朝之都 ……………………………… 4
 4. 秦汉四宝 ……………………………… 5
 5. 海上"丝绸之路"的起点 ……………… 8
 6. 近代民主革命的策源地 ……………… 11
 7. 岭南文化的主干 ……………………… 12
 8. 优越的地理位置与自然条件 ………… 13

二 羊城百年英雄地 ………………………… 15
 1. 林则徐虎门销烟 ……………………… 15
 2. 第一次鸦片战争 ……………………… 19
 3. 三元里抗英和广州反入城斗争 ……… 21
 4. 天国风雷惊九州 ……………………… 25
 5. "洪兵"起义 …………………………… 28

6. 第二次鸦片战争在广州 ……………… 30
7. 维新思潮的酝酿和传播 ……………… 34
8. 收回粤汉铁路权运动 ………………… 36
9. 1905年反美爱国运动 ………………… 39
10. 香港兴中会总部成立和乙未广州
    起义、洪全福起义 …………………… 42
11. 庚戌广州新军起义 …………………… 45
12. 碧血黄花,浩气永存 ………………… 48
13. 广东军政府和"二次革命" ………… 51
14. 广东护法运动及其失败 ……………… 55
15. 五四运动在广州 ……………………… 58
16. 广州共产主义小组的建立 …………… 61
17. 第二次护法运动及其失败 …………… 63
18. 国共合作与黄埔建军 ………………… 66
19. 农民运动讲习所和广东农运 ………… 70
20. 省港大罢工 …………………………… 73
21. 两次东征和北伐 ……………………… 75
22. "四·一五"反革命政变和广州起义 … 78
23. 十九路军英魂永存 …………………… 83
24. 荔湾惨案 ……………………………… 85
25. 广州反饥饿反内战运动 ……………… 88
26. 广州的新生 …………………………… 90

三 思潮澎湃耀光华 ……………………… 93
1. 鸦片战争时期的社会思潮 …………… 95
2. 太平天国的农民思想 ………………… 102

3. 广东洋务思潮及其分化与发展 …………… 113
4. 戊戌维新思想 …………………………… 121
5. 资产阶级民主革命思想 ………………… 131
6. 马克思主义在广东的传播 ……………… 146

结　语 …………………………………………… 152

参考书目 ………………………………………… 154

引 言

在广州的越秀山上,屹立着一座用花岗岩雕成的五羊塑像,造型优美,栩栩如生。主羊口衔稻穗,其他四只羊环绕在它身旁。这座石雕是广州在1949年后修建的,取材自一个古老而又优美的神话。

据说在很久以前,南海有五位仙人,身穿彩衣,骑着五色羊,带着一茎五谷良种,从天上降临广州。仙人把稻穗送给当地人民,祝愿此后五谷丰登,永无饥馑。随后他们腾空而去,留下的五只羊化作石头。这个富有诗意的传说,反映了广州人民对美好生活的热切向往。因此,广州又称"羊城"、"穗城"。五羊石雕也成了广州市的标志。

一　广州今昔两千载

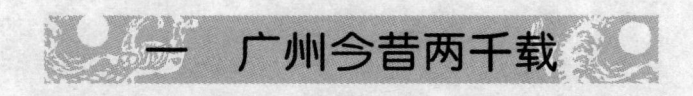

1937年5月,中国地理学家吴尚时教授在广州南郊的七星岗南坡发现了古海岸遗址,表明大约五六千年前的南海海岸曾在这里,如今海岸已向后退了约100公里。几千年间,广州大部分地方经历了由海洋到繁华市区的巨大变迁,七星岗遗址成为广州沧桑变化的证据。

远在四五千年前的新石器时代,先民就已在粤东大地生息,从事渔猎和原始农业等生产活动,创造了岭南地区的原始文化。

任嚣城与赵佗城

根据可靠的文字记载,广州的建立最早可以追溯到任嚣城。1996年,是广州建城2210年。可见,广州的历史相当久远。

公元前214年,秦始皇统一岭南以后,在岭南设三郡,番禺为南海郡治;任命任嚣为南海郡尉。任嚣修整城池,后人便称新城为"任嚣城"。这就是广州城的雏形。宋代修城时曾挖出过一些旧城砖，当时推断任嚣城址的范围大约是北到豪贤路，南至古时江边（今中山路），西到旧仓巷，东到芳草街。

到了西汉，赵佗统治南海郡，建立南越国，并自称南越王，定都番禺城。赵佗把任嚣城扩展为周长5公里的"越城"，也称"赵佗城"。汉武帝平定吕嘉叛乱时，南越国城毁国亡。三国时，东吴的交州刺史步骘看中了这个地方，恢复了赵佗古城。从近现代城建时发掘出土的南越宫殿及陵墓遗迹来看，赵佗城的四至大约北起越华路，南至西湖路，西到黄泥巷华宁里，东到农民运动讲习所西面。

"广州"的由来

广州在古时一直称为番禺，相传是因为地处番山、禺山和越秀山而得名。汉武帝元鼎六年（公元前111年）平定南越后，在岭南设置了南海、苍梧、郁林、合浦、交趾、九真、日南、珠崖、儋耳9个郡。东汉建安八年（203）交趾改称交州，逐渐成为岭南地方最高行政机构。交州的统治中心也由广信（今广西梧州）迁到番禺。三国时吴国黄武五年（226），孙权考虑到岭南地区过于辽阔，不易管辖，因此，把交州分为交州和广州。合浦以南为交州，合浦以北为广州，统辖南海、苍梧、郁林、合浦四郡。取名广州，长期以来存在两种说法：一说是由"广信"而来。交州州治原设在广信，后来迁到番禺，不久交州被一分为二，"广州"之名由此而来。还有一说是十分有趣的,唐朝李吉甫在《元和郡县图志》中说,岭南人的脚趾宽大分散,即"广";而两脚并立时,脚趾相互交错,即"交"。既然"交"与"广"之间关系如此密切,一州取名交州,另一州取名为广州,也是顺理成章。广州名称的出现,至今已有1760多年。

古时的广州统辖的地区与现在大不相同。公元264年,广州统辖区包括了今天广东、广西大部分地区。南朝以后,广州的地域逐渐缩小。一直到了1921年成立市政厅,1925年正式设市,才有我们所熟悉的城市——广州。

三朝之都

在广州2000多年的历史中,先后有3个朝代10个帝王在广州建都,所以有"三朝之都"的说法。

最早的一个朝代是前文已经提到的南越国。秦汉时期,秦朝将领赵佗因统一岭南有功,留在南海郡任职。南海郡尉任嚣死后,他便取而代之,以南海郡为大本营,兼并了岭南地区的其他两个郡——桂林、象郡。公元前208年建立南越国,赵佗自称武帝,在位67年。到汉高祖十一年(公元前196年),赵佗接受了西汉的封号,向汉称臣,成为汉的藩属。赵佗死后,他的孙子赵胡继位,自称文帝,在位16年。赵胡死后,其子婴齐继位。婴齐死后又由其子赵兴继位,赵兴继位仅一年,就于公元前112年被丞相吕嘉杀死,扶赵兴之弟建德为王，在位两年。公元前111年，汉武帝出兵南下平定吕嘉之乱，南越国便城毁国亡。至此，南越国经历了5位帝王，共97年（公元前208年~公元前111年）。

到了五代十国时期，刘龑于公元917年在广州称帝，国号大越，后改为汉。历史上称为"南汉"。刘龑把广州改称为兴王府，对广州城进行大规模扩建和修整，凿平了番山、禺山，扩建南城，称为"新南城"，大约在今天大南路、文明路一带。

迄于明末清初时，明朝在北方的势力已被消灭，南方的残留势力相继建立了几个抗清政权，历史上统称之为"南明"。1646年11月，朱元璋第23子唐王朱桱的八世孙朱聿鐭在广州称帝，年号"绍武"。与此同时，桂王朱由榔也在肇庆称帝，年号"永历"。这两个政权建立后，互相攻战。12月，朱聿鐭被清军俘虏，当晚自缢而亡，在位仅40天。

秦汉四宝

1996年是广州2210年城庆年，广州作为中国历史文化名城已得到世界公认。从70年代起，广州进行了4次秦汉时期的考古发掘，结果都有惊人的发现。近期发掘的南越宫署的御花苑遗址被评为1997年全国十大考古新发现之一。其他三处重要的历史遗迹是：秦始皇时代的造船遗址；西汉初年南越国赵佗的宫署遗址；南越王赵胡的陵墓。

70年代初发掘的秦代造船遗址，显示了当时造船的规模与工艺均不同凡响。造船工场有3个造船台，其中一些装置和原理至今仍在沿用。船台和木料加工场上均有一层厚度约80厘米的山冈土覆盖，使木质船台和附近的木材经历了2000多年仍保存完好。

在秦代造船遗址的覆盖层上发现了南越国赵佗宫署。出土了大量规格多样、工艺精湛的印花砖、瓦件和石质构件。一些瓦件上印有"万岁"二字，这是岭南地区年代最早、唯一具有王者规格的建筑遗址。经过进一步探查，发现一个面积约4000平方米的石砌水池。水池采用工艺极其复杂的冰裂纹铺砌，而这种工艺只在希腊3000多年前的遗址中发现过，在中国属首次。在对冰裂纹石板进行清洗后，发现石板上刻有一个长25厘米、宽18厘米的篆体"蕃"字。"蕃"即"蕃禺"，是赵佗称王时的都城。东汉以后，"蕃"改为"番"。此外，在水池23米处发现一食水井，周围有被火烧的痕迹，据《史记·南越传》记载，汉武帝派军平灭南越时，汉兵焚烧番禺，赵佗宫署大概被毁于那时。南越国宫苑遗址是建在秦代造船遗址之上，在挖掘现场，还发现了晋、南朝、唐、宋等水井和排水渠，说明秦统一岭南以来，这里一直是古番禺至现在的广州市区的中心所在。

南越国御花苑遗迹发掘以后，来自全国的文物、考古、历史、建筑等多方面专家云集广州，他们在研究和论证后，给这个发现予高度评价，认为这个2200年前的皇家花园，完全可以与巴比伦空中花园相媲美。

象岗出土的南越国赵胡墓也极具价值。全墓仿照赵胡生前居所的布局设计，用大石构筑。出土随葬器物1000多件（组），其中不少器物在汉代考古中是第一次见到。其中以200多件玉器和500多件青铜器最为重要。墓主身穿的"丝缕玉衣"，是中国目前已知的完整玉衣中年代最早的一件，出土的36件铜鼎中有8件刻有"蕃禺"的印记。最令世人瞩目的是来自西亚的焊珠金饰，伊朗的银盒，非洲的象牙等海外舶来品。这是广州2000年前海上交往史实物的一次最重要的发现。这个汉墓年代久远，保存完整，而墓主赵胡在司马迁的《史记》和班固的《汉书》中都有传记，年代精确，史实清楚，所以墓中出土的每件器物都是研究2000多年前广州历史发展的无字史书。迄今为止，这座陵墓不仅是广州，也是岭南地区唯一的一座规模最大、年代最久的西汉时期的石构建筑，十分罕有珍贵。象岗南越王墓被誉为"近年中国考古五大发现之一"。遗址所在，已兴建博物馆。

除了秦汉四宝外，广州还有许多唐宋至明清的著名古建筑：光孝寺、六榕寺、三元宫、怀圣寺光塔、镇海楼、五仙观、陈家祠等名胜古迹，以及鸦片战争、太平天国、维新运动、辛亥革命和第一次国内革命战争等时期的许多近现代革命历史遗迹。目前广州已有全国重点文物保护单位、省级和市级文物保护单位共124个（不包括正待审核公布的），分布在市区各处，成为这座历史文化名城的重要内涵。

海上"丝绸之路"的起点

丝绸是中国古代人民的伟大创造和发明,在很长的时间里居于世界领先地位。丝绸的输出就形成了闻名于世的"丝绸之路"。我国陆上"丝绸之路"起点在长安,海上"丝绸之路"的起点则在广州。

在新石器时代晚期(约四五千年前),居住在东南沿海一带的越族人,就已经向太平洋群岛迁徙。因此,在菲律宾、太平洋的波利尼西亚群岛、苏拉威西、北婆罗洲、中南半岛、印度尼西亚等地都发现了百越民族新石器文化的特型器物——有段石锛,说明百越民族与上述地区已有海上交往。

根据《史记》等各种史书记载,在秦统一岭南以前,广州一带就已经是各种珍品如犀牛角、象牙、翡翠、珍珠等的集散地。这些珍品大多来自国外,运到广州后再销往各地。作为对外贸易的广州港市,在西汉初年就已经形成了,《汉书》还记载了海上"丝绸之路"的具体航线、航程。而广州由于其地理位置的优越性——地处珠江三角洲北缘,水上交通发达,所以广州的造船技术比其他地区先进。广州的汉代陵墓出土船只模型最多,形式各有不同,绝非偶然。从广州秦代造船工场遗址来看,船台规模巨大,造船木材精心挑选,船台独具匠心的设计和结构都充分显示了2000多年前广州人民造船技术和生产能力已达到很高的水平。

以广州为起点的海上丝绸之路，在2000多年中有不同程度的拓展和延伸。汉武帝十分重视海上贸易，招募航海技术人员和商人，在朝廷翻译官带领下，用大船装载丝绸和黄金，从徐闻、合浦、日南出发，经过东南亚、横渡孟加拉湾到达印度半岛的东南面，最后抵达斯里兰卡。返航时则购买明珠、璧琉璃、奇石等珍宝。汉武帝时期开辟的航线拓展了海上"丝绸之路"，促进了国际贸易。东南亚出现了许多国际贸易港，罗马商人也远道而来开展贸易。

到两晋南北朝时期，造船技术有很大的提高，能造出容纳六、七百人、装载货物10万斗的船舶，东晋时占据广州的卢循起义军曾造八槽舰，有四层楼高，能抵御很强的风浪。加以罗马帝国对丝绸的需求量大大增加等原因，使中国对外贸易和商品交换不断扩大。据史料记载，对外贸易的利润很高，甚至达到几百倍，成为颇大的商业驱动力量。当时与广州有贸易往来的国家增加到十几个，广州已成为海外贸易的中心。这一时期也是海上"丝绸之路"的发展时期。

隋唐五代时期，广州更是成为世界著名的大港。唐朝是中世纪的强盛朝代，特别是唐太宗时期，对外的海上交通尤为发达。当时亚洲西部兴起了一个强大的阿拉伯帝国——大食国。它的海口商业也很发达，使西太平洋与印度洋之间风帆如织，贸易倍加旺盛。851年曾到中国和印度经商的阿拉伯人苏莱曼写下了《中国、印度游记》，书中指出当时中国船舶极为巨大，波斯湾风浪险恶，所以只有中国船能通过。其他史书也有记载：中国船由广州直接航往东南亚、印度、波斯、大食国，然后换船通过红海，到达埃及。唐代中国输出的主要商品除了丝绸，还有陶瓷，它在国际市场中备受欢迎。在埃及开罗南部，发现唐宋时期的瓷片数以万计。因此，有人认为埃及是中国古代海上"丝绸之路"的终点。由于唐代中国海外贸易的兴盛，所以外国常称华人为"唐人"，华侨则称祖国为"唐山"。唐朝还首次设立专门负责向外来船舶征收关税的市舶使于广州。市舶使为朝廷采购舶来品，对市舶贸易进行监督和管理等事宜。

由于唐代对外贸易频繁，聚居在广州的外商很多，他们侨居的地方叫"蕃坊"。阿拉伯商人苏莱曼的《中国、印度游记》中确指当时已有回教堂（即怀圣寺）。蕃坊在今天光塔街一带，它设有长官，管理大小事务。

以后历代各朝，以广州为起点的海上丝绸之路不断拓展和延伸。到1784年2月2日，美国人驾驶"中国皇后"号商船，载着40吨西洋参起航，横渡大西洋，绕道好望角，经过印度洋到达广州黄埔港，共航行了188天。返航时购买了中国的丝绸、瓷器和茶叶等。"中国皇后"号首航广州，开辟了中美海洋运输的直达航线，建立了中美两国的直接贸易关系。

明清时期由于采取闭关锁国政策，禁止海上自由贸易，国外商人到广州以后要通过中介人才能与中国商人接洽生意，因此有"十三行"之设。十三行垄断了对外贸易，办理一切涉外事务，接待外国商人。

在清代国门没有被打破以前，广州几乎是中国惟一的对外贸易口岸，在中国与其他地区和国家进行经济文化交流的过程中，具有重要地位与作用。

6 近代民主革命的策源地

迄于近代，由于帝国主义的侵略，中国人民被戴上了殖民主义的新枷锁，导致反帝反封建斗争此起彼伏。处于祖国南大门的广州，人民创造了许多可歌可泣的光辉业绩。如三元里人民抗英斗争、辛亥三月二十九日之役（黄花岗之役）、广州公社起义……同时，广州又是仁人志士云集之地。民族英雄林则徐在这里禁烟抗英，揭开近代中国民主革命的序幕。民主革命先行者孙中山在这里开始和持续了民主革命活动，把广州作为民主革命的根据地、大本营，曾三次在这里建立政权，在他的晚年国民革命浪潮更是汹涌澎湃。毛泽东在广州举办了农民运动讲习所，培养了大批革命骨干力量。周恩来、刘少奇在广州进行了广泛的革命活动。张太雷、叶剑英等在这里领导了轰轰烈烈的广州起义。鲁迅、郭沫若等都曾来广州传播进步文化。

广州这块人杰地灵的宝地，曾直接孕育了太平天国领袖洪秀全，维新变法领袖康有为、梁启超，民主革命先驱孙中山等，许多仁人志士，为中华民族的觉醒和崛起前仆后继、献出一切。这些光辉业绩与先进人物，都为名城广州增添了不灭的光彩。

过去的峥嵘岁月，为广州留下了许多革命纪念旧址。三元里抗英旧址、万木草堂遗址、黄花岗起义指挥部遗址、大元帅府遗址、黄埔军校旧址、广州起义指挥部旧址、省港大罢工指挥部旧址、农民运动讲习所旧址、中国国民党第一次代表大会会场遗址和鲁迅纪念馆，等等。它们是广州，也是中国人民百余年来反侵略，反压迫，争取独立、民主和富强的历史见证。

7 岭南文化的主干

广州文化是岭南文化的重要组成部分。

岭南文化具有鲜明的特色和丰富的内涵，无愧为祖国文化百花园中一枝绚丽的奇葩。它以本土文化为基点，承继了中原的正统文化，接受了周边地区的文化（如湖湘文化），吸收了海外文化（包括西方与东南亚地区文化）。岭南文化，正是发轫、发展于融汇过程之中。

远古时期，岭南文化正处于初始状态。封建社会中后期，获得长足的发展。明清以来，特别是迄于近代，岭南文化呈现出崭新繁荣的景象，在许多方面居于全国前列。对于中西文化的交流和融合，岭南文化起了津梁和催化作用。

岭南文化的繁衍过程，与岭南经济与社会的发展大体相应同步——相当绵长的原始公社制，不发达的奴隶制，中世纪中后期的迅速发展，开风气之先和领风气之先的近代，这就是岭南经济与社会演化的一般进程，也是岭南文化赖以生存和发展的土壤。

在岭南文化的演变过程中，开放与商品经济的发达无疑起了重要的作用。当海洋和五岭的隔绝为科技、经济与社会的进步所打破，广东——特别是广州与中原、周边地区和海外的交往日益频繁，文化交流不断深化与拓展，尤其以中外交流更为突出。融汇，俨然成为岭南文化的特征。至于广东的商品经济到了明清之际已颇发达，珠江三角洲地区成为中枢。墟镇星罗棋布，丝茶贸易蔚为大宗。社会生活中的这种经济因素不仅促进了文化的发展，而且影响了它的内涵。

岭南文化既有雅文化，也有俗文化；既有抽象的观念，也有民俗的表现。重商性、开放性、兼容性、多元性、直观性、平民性……可视做它的特征。

8 优越的地理位置与自然条件

广州位于广东省的中部，濒临南海，地处珠江三角洲腹地，北回归线从北郊太平场通过，东江、西江、北江在这里汇流入南海和太平洋。广州地势东北高、西北低，北部和东北部是山区，中部是丘陵、台地，南部是珠江三角洲冲积平原。珠江穿市而过。东南面与香港连接，西南部与澳门隔海相望。自古以来，广州就是中国南方海陆交通枢纽和对外交往的门户。广州东南的黄埔港，可以停泊万吨巨轮。祖国的"南大门"——这是广州的真实写照。

广州作为一个港口，占有非常有利的地位。同时，广州又处在京广、广深与广三铁路的交叉点，是中国纵贯南北的交通大动脉——京广和粤沪铁路最南的终点。通过这两条铁路干线，广州和华东、华中、华北的广大地区密切地联结在一起。广州是广东公路的中枢，从这里有密集的公路网通向全省各地。地处珠江水网地带，内河航运十分发达。此外，广州还是华南和国际民用航空交通的中心。东南亚、西亚等到我国访问或观光的国际友人或华侨越来越多，广州就是他们入境后到达的第一个大城市。

广州背靠白云山，面临珠江。它所在的珠江三角洲是一片平坦富饶的平原，河流交织，稻田广阔，鱼塘密布，桑蔗繁茂，果树成林，是有名的鱼米之乡。白云山算是广州附近较高的山岭（最高峰摩星岭，海拔382.4米），山峰宛若围屏，林木苍翠，风景优美，历来是著名的旅游胜地。广州冬无严寒，夏无酷暑，四季常青，繁花似锦，气候怡人，素有"花城"之美誉。

二　羊城百年英雄地

广州是一座英雄的城市，具有光荣的爱国主义与革命传统。1840年鸦片战争最先在广东爆发，揭开了中国近代历史的首页。中国逐步沦为半殖民地半封建社会，人民开始走上了反帝反封建的道路。百多年中，广州人民为反抗帝国主义侵略和清朝政府的统治，争取独立、民主和富强，进行了不屈不挠的斗争，涌现了一大批革命先驱、爱国和进步人士，使广州成为近代民主革命的策源地之一。广州近代百年历史，不仅反映了广东人民奋勇抗争的业绩，也是中国民主革命的缩影：艰苦探索救国真理，反对殖民主义和封建主义，为振兴中华而进行艰苦卓绝的斗争，最终取得胜利并走上社会主义康庄大道。回顾百多年的峥嵘岁月，可以更好地把握现在和瞻望未来。

1. 林则徐虎门销烟

19世纪初叶，中国的对外贸易一直处于出超的有利地位。英国东印度公司1775～1833年从中国购买茶叶共约 1400 多万担，最多一年达 40 多万担。1817～1832 年的 15 年中，广州出口总值达 3.183 亿元，茶叶就占了 1.931 亿元。鸦片战争前每年约有 45 万担茶叶从广州输出，粤海关每年征收出口茶税约 41.4 万两白银。丝绸、陶瓷等其他商品的出口数量，亦颇不小。这种贸易状况，为贪婪的英国殖民主义者所不能容忍。他们希望用廉价的商品来敲开中国的大门，遭到了固有的自给自足的自然经济和清政府闭关政策的抵制。他们于是改变手法，无耻地用毒品鸦片和大炮军舰来作为进攻中国的手段。当时广州是全国唯一的对外通商口岸，也就成了鸦片贸易和走私的中心。广州的外国洋行成为鸦片贩子的活动据点，鸦片烟馆到处可见。据不完全统计，到鸦片战争前夕，中国吸食鸦片者已达 2 百万人以上，遍及全国十几个省。吸毒者被戕害得精神萎靡，身体衰弱。清军官兵吸毒的也不少，他们身带两杆枪：一杆是作武器的枪，锈迹斑斑；一杆是鸦片烟枪，油光滑亮。到 1838 年，英国等西方资本主义国家已向中国输入 4 万多箱鸦片。如此大量输入鸦片，使中国白银大量外流，军队逐渐丧失战斗力，人们的精神和体质受到摧残，造成国穷民弱的严峻局面。

对这些杀人不见血的毒品，中国人民深恶痛绝，他们称鸦片为"妖烟"，运鸦片的船为"番船"，鸦片烟贩子为"番鬼"。广州人民最早受鸦片的毒害，因此，他们反抗英美等西方列强利用鸦片进行侵略的斗争也最早和最激烈。

1838年12月12日,两广总督邓廷桢主持禁烟,将一名鸦片烟犯何老金押到十三行洋馆前广场处决。英美商馆的鸦片贩子捣乱刑场、阻挠中国处决鸦片烟贩。这一侵犯中国主权的野蛮行为,激起了广州人民的无比愤怒,上万名群众自动起来包围了外国商馆,拆毁周围的木栅栏,用砖瓦石块打碎商馆窗户,对外国侵略者的无理挑衅予以痛击。这是广州人民最早反对西方侵略者的斗争。

林则徐来到广州,把禁烟抗英斗争推向高潮。忧国忧民的林则徐,是清朝官吏中主张严禁鸦片的代表,他任湖广总督时,就采取了一系列严禁措施并取得明显的成效。他提出《严禁鸦片章程》,指出要禁鸦片就要先从重惩治吸食者,没有人吸食,谁还会开烟馆和贩卖鸦片呢?后来林则徐又上书道光皇帝,深刻指出鸦片的严重危害:军队将失去战斗力,无法抵抗侵略和保卫疆土;国库日渐空虚,无以为继。清朝统治者感到自身地位受到威胁,于是清政府接受了林则徐的意见,任命他为钦差大臣,派遣到广州查禁鸦片。广州的滨海门户虎门是鸦片走私的重要通道之一,当地的农民、渔民纷纷自发地烧毁外国烟船,捣毁烟馆,搜捕烟贩。广州人民反对鸦片流毒的情绪激昂,斗志旺盛。在群众的推动、支持和鼓舞下,林则徐禁烟的决心更为坚定。

1839年3月10日,林则徐到达广州,立即与前来迎接的两广总督邓廷桢、广东水师提督关天培等文武官员商讨禁烟的办法和加强海防的措施。为博采众议,林则徐专门召集几间书院的600名学生,以考试形式收集禁烟的意见。之后,林则徐下令查封广州所有烟馆。3月18日,林则徐向外国鸦片烟贩传令缴出鸦片,并要求具结声明永不再贩卖,还限他们在三天之内点清船上鸦片数量,上缴官府销毁,以示悔改。英国驻中国商务监督义律却千方百计破坏禁烟运动。3月23日,他唆使停在伶仃洋面的22艘英国鸦片船逃走,并准备将英商撤离广州。第二天,他想乘夜色朦胧带大鸦片烟贩颠地逃跑。谁料林则徐早已在海面布下军队,把鸦片船和颠地截获。林则徐对义律的破坏行为采取坚决还击措施,下令停止中英贸易。停泊在黄埔港的英国商船全部暂行封舱;撤出所有在洋行里受外商雇佣的中国人,派兵把守洋馆区,限制洋人出入,切断洋馆与商船的交通。在广州人民的大力支持下,林则徐表示:一定要把禁烟运动贯彻到底,绝不半途而废,鸦片一天不消灭,我就不离开广州。结果,义律不得不于3月27日向林则徐表示:愿意缴出所有鸦片。22艘鸦片船陆续开回虎门。林则徐、邓廷桢等于4月12日到达虎门验收英美鸦片贩子缴出的2万多箱鸦片,重量达240万斤。

为了将这一大批鸦片彻底销毁,林则徐一改过去火烧的办法,而采用盐卤和石灰浸化鸦片后销毁的方法,在虎门海滩高处挖了两个长方形池子,池内设有活动闸门,通向大海。6月3日,虎门响起礼炮和群众的欢呼声。震动世界的大事——虎门销烟开始了。人们把鸦片浸泡在海水的盐卤中,撒下石灰,黑色的鸦片逐渐变白化烟消散。池底渣沫排出大海，并用清水冲洗。这样，用了23天时间才把200多万斤鸦片销光。林则徐每天亲临现场监督销烟过程，观看销烟的人流络绎不绝。一些外国人观看虎门销烟后，特地来到林则徐面前，摘下帽子，对他表示衷心的钦佩和敬意。

禁烟运动的胜利，打破了英国侵略者企图以鸦片毒害中国人民、侵略中国的梦想。虎门销烟标志着中国人民反鸦片斗争达到高潮，揭开了中国人民近代反侵略、反殖民主义斗争史的光辉篇章。它向全世界表明，中华民族是一个不可征服的、英雄的民族，中国人民是不屈不挠的、勇敢的人民。任何侵略者征服他们的企图，都只能是白日做梦，失败是他们的最终下场。

今天，天安门广场人民英雄纪念碑上第一幅巨幅浮雕就是虎门销烟的激动人心的情景。当年的销烟池至今仍保存在东莞太平镇，在那里建立了反映虎门销烟光辉业绩的纪念馆。此外，还建立了一座鸦片战争虎门人民抗英纪念碑。虎门销烟之壮举，无愧为中国近代史上的光辉一页。

2. 第一次鸦片战争

中国人民禁烟斗争的胜利，沉重打击了英国殖民主义者。英国政府为维护罪恶的鸦片贸易和实施殖民主义政策，1839年10月，借口"保护通商"，正式决定出兵侵略中国。1840年6月28日，英国"东方远征军"封锁珠江口，第一次鸦片战争由是爆发。当时林则徐任两广总督，率领广东军民严守海防，使英军进犯广东的阴谋不能得逞。7月，英军北上进犯厦门被击退，便攻占浙江定海，进逼天津。英军驻兵天津河口，威胁北京。昏庸的道光皇帝大为震惊，他不但不责备守土失职的官员，反而对禁烟抗战有功的林则徐产生猜疑，认为他措置不当开罪了夷人才导致战争。他把林则徐撤职并充军新疆伊犁，而选用投降派琦善取代林则徐。9月，英军撤回广州，道光皇帝任命琦善为钦差大臣与英国谈判。琦善到广州后，一反林则徐的做法，撤除了虎门的海防，解散民兵。在谈判期间，英国殖民者为炫耀武力，出动2000多人、炮舰20余艘，于1841年1月7日突然进攻沙角、大角炮台。沙角炮台是虎门的前沿防线，军事地位重要。驻守炮台的将领陈连升和儿子率领600多人奋力守卫，誓与炮台共存亡，终因孤军无援，寡不敌众，炮台失守，陈连升父子和沙角炮台守军全部壮烈牺牲。今天沙角的"节兵义坟"，就是为纪念沙角炮台殉国的陈连升父子及爱国将士而修建。1月26日，英军强占香港。次日，道光皇帝被迫下令对英宣战。2月25日，英军进攻虎门诸炮台。关天培身先士卒，率兵抵抗。在敌军猛烈炮火攻击下，炮台告急，琦善竟然坐视不理，不发援兵。虎门炮台官兵在孤立无援的境况下，英勇奋战，关天培身负重伤，仍坚持指挥战斗。终因力量悬殊，关天培与数百名官兵全部壮烈牺牲，虎门炮台失陷。3月，英军直通广州。5月，炮轰广州城。清政府采取妥协投降政策，背着人民向英国侵略者屈辱求和。清贵族奕山与英国代表义律签订休战协定——《广州和约》，主要内容是中国向英军缴纳广州"赎城费"6百万元，赔偿英军商馆损失费30万元，清军退出广州60英里，英军退出虎门等。英国勒索巨款后，又提出割让香港，订立正约。因未完全满足他们的要求，英国旋即撕毁和约，扩大侵略战争。8月，英军攻占厦门，旋即又进攻定海、镇海，占领宁波。1842年6月，英军攻占了吴淞和上海。8月初，英军集结85艘军舰停泊在南京江面。8月29日，钦差大臣耆英、伊里布与英国全权代表璞鼎查签订了中国近代历史上第一个不平等条约——《南京条约》，主要内容是：中国向英国赔款2100万两；割让香港；开放广州、福州、厦门、宁波、上海五处通商口岸；中国抽收进口货税率由中英共同认定，不得随意变更。从此，西方资本主义列强打开了中国的门户，使中国由封建社会末期逐步沦为半殖民地半封建社会。

三元里抗英和广州反入城斗争

三元里是广州北郊一个乡村。鸦片战争爆发后，腐朽的清政府未能坚决抵抗侵略，却一味向英军妥协求和。林则徐、邓廷桢等遭到革职，投降派琦善、奕山来到广州。1841年5月25日，英军进攻广州，奕山躲在城里不作还击。英军占领城北各炮台和四方炮台（今越秀公园内），不断炮轰广州，奕山慌忙竖起白旗，派广州知府余保纯向英军侵略头子义律求和，并签订卖国的《广州和约》，换取暂时的休战。

英军进城后，大肆烧杀抢夺。侵入珠江的英国军舰向人口稠密的市区肆意炮击，一天之内烧毁民房店铺1000多间。5月27日《广州和约》签订后，英军仍对广州城北郊一带进行大规模的劫掠，烧毁房屋，奸淫妇女，毁墓暴尸。

三元里人民对清政府可耻的卖国行为与英国侵略者的野蛮行径已达到忍无可忍的地步，反侵略的火焰终于猛烈燃烧起来了。

5月29日，一队英军到三元里抢掠财物，污辱妇女。三元里人民怒火万丈，奋起反抗，当场打死七八个侵略兵。为了防备英军再犯，三元里一带的人民把三元古庙里的黑色三星旗作为抗英指挥旗。青年农民韦绍光领导村民在古庙前宣誓：旗进人进，旗退人退，吹螺前进，鸣金收兵，杀绝英夷，打死无怨。当天，三元里附近103乡的代表还在三元里牛栏岗会盟，商议抗英大计，决定15～50岁男子组成主干队伍，以黑色三星旗为标志，诱敌到牛栏岗，一举歼灭。

5月30日，三元里人民英勇抗击英国侵略军的战斗打响了。这天早晨，三元里人民手持各种农具，浩浩荡荡向驻扎在四方炮台的2000英军进发。正在吃早点的英军听到杀声阵起，看到几千群众冲杀过来，吓得胆战心寒。英军司令卧乌古率军迎战，群众把英军引到牛栏岗，早已埋伏的7000多群众将敌人围住，手持劣势武器的农民和装备新式枪炮的侵略者展开了短兵相接的肉搏战。妇女儿童也在战场附近呐喊助威。午后，天上下起暴雨，敌人火药受潮，枪炮失灵，他们穿着长靴陷在泥泞中，寸步难行，成了瓮中之鳖。卧乌古收拾残兵逃回四方炮台。广州郊区的群众则将炮台团团围住。

惨败的英军急忙向奕山求救。奕山命令广州知府余保纯派军队开赴三元里为侵略军解围，并向敌人屈膝求和。英国侵略者虽得到奕山、余保纯的解围，却再也不敢在广州停留了，第二天便退缩到虎门以外。

三元里人民的抗英斗争，取得了辉煌的战果。此役击毙英军官2名，士兵200多人，俘虏10多人，伤者无数；缴获大炮2尊，刀枪900多件；把英军赶出了广州城。三元里人民反英斗争的胜利，大大鼓舞了中国人民反对殖民主义侵略的信心与决心。广大人民经过这次斗争更认清了清政府的反动腐朽和卖国求荣的真面目，认识到"官兵不可恃"、"鬼子不足怕"、"官怕洋鬼子"、"洋鬼子怕百姓"。有一首歌谣辛辣地讽刺了清政府卖国投降的丑态："一声炮响，二律入城（二与义粤音相同），三元里顶住，四方炮台失守，任紫垣讲和（任是当时广州大鸦片烟商，他代清政府支垫赔款），六百万元赔款，七钱银兑足（每元折合足银7钱，六百万元折合420万两银），八千斤没用（指虎门八千斤重的大炮没有用于抗敌），九九打吓（九与久同音，指清政府根本无心抵抗侵略），十足输晒（清军总打败仗）。"

三元里抗英斗争一年后，英国侵略者又以《南京条约》为借口要求开放广州进行贸易。广州人民对英国贪婪无耻的野心感到极为愤怒,他们不承认外国人有进城的权利,掀起了反进城斗争,坚决拒绝英军入城。然而清政府依然向侵略者俯首屈膝,一面禁止人民反抗,一面秘密与英国人承诺两年后进城。1845年,广州人民以"升平社学"(遗址在广州白云区石井乡)群众武装组织为中心,发动驱逐广州知府的斗争。他们攻入广州府署,把卖国的知府刘浔赶走。1849年,英国的香港总督文翰以密约期满,率兵船闯入省河。附近社学、团练纷纷赶到珠江两岸,10余万人严阵以待,杀声震天。英军只得退走,《南京条约》签订后十多年间始终不能进入广州城。此外,升平社学还多次领导广州人民进行反对侵略者的斗争。

"青史凭谁定是非?"当年被贬黜的林则徐悲愤地发问。答案只能是人民。今天,在三元里的山冈上立着一座新中国成立后人民修建的纪念碑,上面写着:"一八四一年广东人民在三元里反对帝国主义侵略战争中牺牲的烈士永垂不朽!"三元里古庙成为纪念馆。它记载了三元里人民的英雄事迹,体现了中华民族的爱国主义传统。三元里人民的抗英斗争是中国人民第一次自发的大规模武装反侵略斗争,表明了中国人民不甘于做奴隶的铮铮铁骨和气慑鲸鲵的英雄气概。正如后人有词赞:"羊城自古英雄地,百年回首三元里。南国一声雷,九州万马嘶,挥戈拒鬼蜮,多少英雄血,碑际气似虹,花明月正中。"

天国风雷惊九州

鸦片战争以后，英国侵略者贪婪的触手并未停止活动，要求入城和强行租地，不一而足。广州人民则进行持续的反侵略斗争。但是，清政府的腐败无能和卖国媚外日益暴露。例如，6 名英国暴徒于 1847 年 12 月携带手枪，以征服者的姿态，闯入广州附近黄竹岐村骚扰，打死打伤村民各一人。村民出于义愤，把 6 名暴徒全部击毙。清政府派耆英处理此案，广州巡抚徐广缙最初也认为英国理屈，主张从宽处理，但迫于英国殖民者对他施加压力，结果将 6 名抗英村民处死，3 人流放，6 人受杖刑并入狱 3 年。又如 1849 年，群众杀死民愤极大的澳门葡萄牙总督亚马勒，徐广缙虽然承认亚马勒横行霸道，为非作歹，他的死亡是咎由自取，死有余辜。但"事关"外人，竟将击毙亚马勒的群众全部捕杀。种种事实，不胜枚举。清政府对内镇压人民的反侵略斗争，榨取群众；对外则卖国投降，割地赔款。广大人民与清朝统治阶级的矛盾日益尖锐。而中华民族与帝国主义列强之间的矛盾，也随着侵略者的步步深入而更加激化。这两个基本矛盾一直贯穿了中国近代史。因此，中国近代百余年的历史的主要内容就是中华民族、中国人民反帝反封建的历史。

鸦片战争以后，鸦片走私公开化，数量激增，劳动人民的负担更沉重。由于鸦片大量输入和白银大量外流，造成银贵钱贱。西方资本主义廉价商品的倾销和原料掠夺的增加,广州对外贸易下降,进口货物在广东的销售却增加,尤其是廉价纺织品的冲击,使广州珠江三角洲一带的小商品经济受到摧残,自然经济开始解体。洋布价格比机织土布便宜,质量亦好,使许多生产土布的工场关门,工人失业,土地兼并的现象严重。而广东是土地集中最严重的地区之一。太平天国起义前夕,全国土地40%~80%集中在10%~30%的少数人手中,60%~90%的人没有土地。广东当时人均只有1.21亩土地,大批农民只好忍受地主的残酷剥削而租种土地。加之广东在鸦片战争中受害最深,战争中清政府从广东征调兵力、粮饷最多,巨大的战争费用和赔款使赋税加重。仅1841年度,广东支出军费400多万,相当全省一年征收土地税的3倍。战后赔款也是广东负担最多,约占总数的69.95%。加上广东大地主、大官僚的搜刮,水利失修,天灾频繁,民不聊生。

压迫激起反抗。农民纷纷揭竿而起,下层群众闻风而动,结成各种会党,在广州地区和省内各地举行多次起义。但由于没有统一领导,相互缺乏联系合作,因而,被清政府逐个击破。斗争形势需要一个巨大的农民组织来统一领导。社会矛盾尖锐化的动因,促使太平天国农民运动首先在广东酝酿。它的领袖洪秀全,就是在广东开始反清活动的。

洪秀全(1814~1864),广东花县人(今称花都市,属广州市),出身农家。他目睹鸦片战争前后侵略者的暴行,清政府的极端腐败,人民抗争的高涨,从对现实不满，逐渐走上了反清道路。1843年，洪秀全最后一次参加科举考试失败后，在广州读到一本宣传基督教的小册子《劝世良言》，并联系几年前他卧病时梦见金发皂袍老人的幻象，假托接受了"皇上帝"的天命，下凡救世。6月，他在花县创立具有宗教色彩的反清团体——拜上帝会，提出建立"人间天国"，并开始发展李敬芳、冯云山、洪仁玕等信徒。由于他砸毁了象征几千年封建意识的孔子牌位，遭到封建势力的激烈反对，无法在本乡立足。于是洪秀全走遍广东各地进行宣传和组织活动，在广西贵县发展信徒100多人。

1845~1846年间，洪秀全先后写了《原道救世歌》、《原道醒世训》等著作。《原道救世歌》宣传人人都应该和有权利敬拜上帝，批判君王专制独裁的现实。《原道醒世训》提出：天下男子都是兄弟，天下女子都是姐妹。反映出朴素平等思想，号召人们把互相欺凌、争斗和残杀的世界变成充满公平正直的世界，为实现天下一家、共享太平的人间天国而努力。1847~1848年，他撰写了《原道觉世训》，把社会分为皇上帝——象征正义和农民领袖同阎罗妖——象征皇帝、官僚和地主，这是两个对立的营垒，农民应尊奉"皇上帝"，击灭"阎罗妖"，实际是反对君主、大官僚和地主。在《太平天日》中，洪秀全称自己是上帝的次子，耶稣的弟弟，受命下凡斩邪留正，诛妖救世。这些著作奠定了太平天国农民运动的思想基础，颇能吸收和组织大批贫苦农民为追求一个新世界而奋斗。由是，拜上帝会成为一个有纲领和组织的团体。

1844年，冯云山深入紫荆山区，艰苦地进行组织群众的工作，吸收了2000多人参加拜上帝会。1847年，洪秀全与冯云山会合，其时，拜上帝会在与当地地主团练斗争中已经不断壮大。1851年1月11日，洪秀全在广西桂平县金田村宣布起义。建号太平天国，洪秀全自称天王。1853年定都天京（今南京市），建立与清政府对峙的政权。经历了14年的斗争历程后，太平天国终于在中外反动势力联合镇压下失败。太平天国农民战争是中国农民战争史上规模最大、历时最长的一次斗争。它虽然由于历史的局限而以悲剧告终，难以完成"革故鼎新"的任务，但却给封建王朝以沉重的打击，鼓舞了广大人民反帝反封建的斗争，留下了深刻的经验和教训，从而为后来的斗争开拓了道路。

为纪念洪秀全的历史功绩，花县的洪氏宗祠开辟为"广东省花县洪秀全纪念馆"。

"洪兵"起义

1851年广西金田村的起义，掀起了波澜壮阔的太平天国农民战争。在这场暴风骤雨直接影响下，广州及其附近的番禺、东莞、佛山、顺德、新会、香山（今中山市）等地的天地会纷纷起义。1854年7月5日，佛山镇的天地会首领陈开率先起义。广州城北的李文茂、陈显良等相继起义响应。仅十几天时间，就形成了以广州为中心的几十万起义队伍，革命烈火迅速蔓延到全省,参与的群众多达100万人,其中多数是贫苦农民。发动这次起义的天地会,以"反清复明"为宗旨。由于明太祖朱元璋的年号为"洪武",所以起义军自称"洪兵"头裹红巾为标志,故又称"红巾军"。洪兵与太平军的成员有所不同,前者有不少游民无产者,而且多居于领导地位。洪兵虽提出"反清复明",反清是推翻清王朝,但复明并非恢复明朝统治,而是企图建立自己的政权。

各路起义军到处出击,痛杀官吏,围攻省城,沉重打击了广州的封建反动势力。红巾军著名领袖李文茂,出身粤剧艺人,所率队伍是围攻广州的主力,多是戏班人马,特别英勇善战,使清军闻风丧胆。李文茂率兵从西路围攻广州城,东路有陈显良,北路为甘先,加上广州珠江以南的队伍共约20万人联合从水陆四面攻城。两广总督叶名琛龟缩在广州城中,不敢出兵,竟然向英国乞求援助,以求剿捕起义军。外国侵略者一直企图进入广州,而这正是绝好机会,于是英、美、法等国用船只运送兵员、枪炮、粮食等,接济被困的清军。为此,起义军领袖陈显良曾正式照会英美法三国公使,要求他们停止支援清军的行动,并警告不许再犯。但由于中外反动势力勾结起来镇压起义;而起义军各立山堂,未能形成统一有力的领导,纪律松散;加以武器落后等原因,起义军围攻半年,始终无法攻克约有1.5万清兵据守的广州城。最后,起义军不得不于1855年撤离广州,向西、北作战略转移。李文茂、陈开等率部进入广西并建立大成国,直至

1861年方告失败。

红巾军转移后,封建统治者对人民进行了罕见的大屠杀。1855年夏,仅广州就屠杀7.5万人。清朝官僚根本不用审讯,极其残酷,许多被害者是并未参加起义的百姓。

在起义失败后的一年中,叶名琛屠杀了约百万人。致使抗击外国侵略者的力量,大大削弱。正虎视眈眈地窥伺广州城的英、法殖民主义者,就是在"洪兵"转移的次年发动了第二次鸦片战争,侵占广州城达4年之久(1857~1861)。广州人民又一次表现出坚决反抗外国侵略者、保家卫国的伟大爱国主义精神,他们以游击战和偷袭战,不断打击敌人,使敌人提心吊胆,只好放弃新城,躲在旧城内不敢出来。港澳爱国同胞也纷纷行动起来支援广州人民,在外国人机关和家庭中服役的2万多中国人一齐罢工抗议。侵略者被赶出了广州。祖国的南大门决不容许侵略者横行霸道。

广东红巾军起义,就其规模、持续时间和影响来看,在当时各地各族人民此起彼伏的抗争中,是仅次于太平天国而居第二位,成为当时反侵略反封建斗争高涨的重要组成部分。它有力地打击了清朝在广东的封建统治,并牵制了反动势力,对太平天国革命运动起了积极配合和支援的作用。

6 第二次鸦片战争在广州

19世纪50年代,正是欧美资本主义工业迅速发展、要求进一步扩大市场的时候，殖民主义者当然不会放过扩大侵略中国的机会。最初他们希望通过修改《南京条约》、《黄埔条约》、《望厦条约》，攫取更多利益和特权。1854~1856年，英、法、美三国公使要求清政府修改条约，包括扩大鸦片贸易合法化、降低关税、外国公使驻京、增开通商口岸等侵略特权，都遭到清政府拒绝。于是，尝到第一次鸦片战争甜头的英国便以"亚罗"号船事件、法国以"马神甫事件"为借口，在美国、俄国支持下，发动了侵略中国的第二次鸦片战争。

1856年10月8日，广东水师逮捕了停在海珠炮台附近码头的"亚罗"号船上的两名海盗及10名嫌疑犯。此船由中国人制造、属中国人所有，只是为了走私方便曾向香港当局领有执照，但到9月27日已期满，所以船上并未挂英国国旗。因此，这次行动完全属于中国内政。英国驻广州领事巴夏礼蓄意挑衅，硬说"亚罗"号船是英国船，并无中生有地造谣说中国水师扯下英国旗，侮辱了大英帝国，要求两广总督叶名琛送回水手，赔礼道歉。叶名琛曾据理驳斥，巴夏礼却发出限24小时答复的最后通牒。叶名琛迫于侵略者的淫威，将被捕的12人送交英国领事馆。巴夏礼蛮横之至，拒不接受。10月23日，英国军舰越过虎门，攻占猎德、凤凰岗、海珠各炮台，第二次鸦片战争正式爆发。

叶名琛面对强大的来犯之敌，竟不采取防范措施，只是对外交涉上态度较强硬，但没有武力支持的外交难以有力。况且他把兵力财力用于镇压"洪兵"起义，造成广州及沿海防务空虚。加上他麻痹轻敌，对英军入侵没有及时作出认真回击。当下属报告英军入侵时，他还认为对方虚张声势，居然下令听任敌船驶入内河，我军不可炮击。24日，英军炮轰凤凰岗炮台，守兵奉命撤退，炮台被毁。叶名琛得知后仍然无动于衷。直至次日省河沿江各炮台均被占领，叶名琛才调兵防守城东、城西，目的也只是为了"壮声威，兼防内匪"。英军由于兵力不足，到总督衙门抢劫一番后退出，占领城外商馆，军舰则不断炮击广州城。

叶名琛不仅执行不抵抗政策，还镇压广大人民的反侵略斗争。但是，愤怒的广州人民是不会屈服于殖民主义者淫威的。爱国军民采取游击战术，用火筏、火药瓶、水雷等偷袭敌人，烧毁城外全部商馆，并袭击了英国邮船。广大群众利用一切机会打击侵略者，英军由于兵力不足和受到不断袭击，1857年1月撤离广州，以待援军。新安人民支持广州军民的行动，停止对香港的一切供应，撤回在香港的新安人，一队新安人潜入香港突袭香港巡逻队。在这期间香港发生了在供应英国人食用的面包中放砒霜的事件。

"亚罗"号事件后，英国决定扩大侵华战争。1857年英国派一支海陆军前来中国。法国也派葛罗为专使，率军来华，与英军组成5600人的侵略联军。

1857年12月，英法联军向叶名琛下最后通牒，提出无理要求：英国人自由进城；赔偿英商损失；如中国同意，则解除珠江口封锁线，恢复贸易，但英军仍占领沿江各炮台及河南（珠江以南地区），直至两国签约才撤军。侵略者限定叶名琛10日内答复，否则将攻入广州。叶名琛虽拒绝英法联军的要求，但自1857年1月英军撤退后，并没有采取任何加强防范的实际措施。在外国侵略和本国人民反抗同时存在的情况下，历来的反动统治者往往把镇压人民放在首位，而不惜丧权辱国，向侵略者妥协投降。同样，叶名琛害怕人民的力量，大量裁减为防守广州而招募的士兵和船只，只留下1万多人。省河各炮台原有的千斤大炮早在去年英军占领时全部被搬走或被毁，敌军撤退后，叶名琛不重新装备，致使炮台形同虚设。叶名琛残酷镇压人民的爱国行动，使他得不到人民的支持和配合。这个官僚还迷信神仙，认为12月15日后必太平无事，故不作抵抗准备，任由英法联军长驱直入。28日，英法联军开始炮击进攻广州，守兵虽拼死血战，终因兵力不足而败退。29日，敌军占据观音山（今越秀山）制高点，控制全城。31日，广州城陷入敌手。叶名琛自食其果，成了英法联军的阶下囚，并被押送印度囚禁，病死异国。广东巡抚柏贵投降敌人，在英法联军控制下，为侵略者维持地方秩序，严禁人民的反抗活动，为虎作伥，形成中国近代史上外国侵略者在中国制造的第一个地方傀儡政府。这是近代广州历史、也是中国历史上的耻辱，但清政府却默许它的存在。

侵略者入城后，烧杀抢夺，无恶不作，不许人民有丝毫反抗。1858年，爱国军民围攻广州时，城内清军反而帮助英法侵略军作战。1859年7月，劳崇光任广东巡抚兼两广总督,到任后处处媚外,出卖主权,对侵略者有求必应。就职伊始,他就同意将沙面租给英法建立租界。稍后,又派英国人管理广州海关,把海关大权奉送给侵略者。他还同意英国在广州设招工所,使西方殖民主义者多年来掠夺华工的罪行合法化。1860年,他更擅自将九龙半岛到石匠岛一线以南全部地方永租给英国,年租500两,此事甚至不敢上报朝廷。他还筹集租界的工费20多万元、侵略者军费月为4000元等,为敌人效犬马之劳。清廷得知劳崇光所作所为不但未加丝毫处分,反而批准劳崇光奏保的所谓办理洋务出力人员,实质上承认了他卖国有功。直至丧权辱国的《北京条约》签订后,英法侵略者才不得不按条约规定,于1861年10月1日撤离广州,结束他们对广州长达4年的统治。

与清政府的妥协不抵抗形成鲜明对照的人民——首先是广州人民坚决持续地反抗英法侵略军。对于他们的英勇斗争,恩格斯给予高度的赞扬和评价:"这是保存中华民族的人民战争。""中国的南方人在反对外国人的斗争中所表现的那种狂热态度本身,显然表明他们已觉悟到古老的中国遇到极大的危险;过不了多少年,我们就会看到世界上最古老的帝国作殊死的挣扎,同时我们也会感到整个亚洲新纪元的曙光。"

7 维新思潮的酝酿和传播

在19世纪末民族危机日益深重的激励下,代表新兴资产阶级和具有资本主义化倾向的官吏、士绅的维新思潮和运动发展起来。在严峻的形势下，为了救亡图存，必须变法；而维新的基本内容，就是温和的资本主义化——发展工商业、君立主宪和引进西学、兴办学校……维新思潮与运动的主要领袖康有为、梁启超等，都曾在广州进行过重要活动。广州，无愧为维新思潮与运动的萌芽地区之一。

1891年后，已在京师写下了以"变成法，通下情，慎左右"为主要内容的上皇帝书的康有为应梁启超等之请，在广州创设万木草堂，聚徒讲学，探求维新理论，培养变法人才。万木草堂先后设于长兴里、卫边街邝氏祠和府学宫仰高祠，直到戊戌变法失败后方被查封。万木草堂迥异于传统的书院，教学内容与方法较前都有重大改革。康有为把西学引入教学内容，在讲授儒学、理学、史学的同时，还要求学生阅读西方社会政治学说和自然科学的书籍。江南制造局关于科技的译著和容闳、严复翻译过来的关于西方社会政治经济学说的著作，成为不可缺少的教材。他积极引导学生关心国家与社会，强调学以致用。教学方法也一改旧式书院的偏颇，学生主要是自己读书和写笔记。每个学生都发给一本功课簿，作为书写学习心得和提出疑问之用，半月交给教师批答一次，而无考试和测验。学生不分年级，由较为资深的学生中推举几个学长带领大家学习。梁启超、徐勤等都曾担任学长，在康有为离开万木草堂时代为主持教学。除体育、音乐课程外，又开展演说、辩论、游历等课外活动。在不足10年中，万木草堂培养了近千名学生，后来成为康有为的主要助手的梁启超、麦孟华、欧榘甲等，均为万木草堂学员。

康有为在万木草堂时期，写成了大量著述。他选择优秀的弟子助他编书，《新学伪经考》、《孔子改制考》和《长兴学记》、《春秋董氏学》等著作陆续问世。其中，尤以前两者更为重要。《新学伪经考》宣布古文经书《左氏春秋》、《古文尚书》、《周礼》等为伪经虽缺乏历史根据，却冲击了封建专制制度的理论基础。《孔子改制考》则把孔子说成是托古改制的祖师，儒学尊奉的经典"六经"是孔子为了变革当时的社会制度，把自己的观点假托已往圣王的言论而创作的，实际上是希图用孔子的权威为维新事业扫除障碍。此外，他还在书中宣扬了具有反对复古倒退意义的历史进化论。两书奠定了变法维新的理论基础，在当时具有进步意义和广泛影响。两书出版后，均被清政府下令毁版、禁传。

在这期间，广州地区还出版了维新派的一些报刊。1897年，《岭学报》（旬刊）问世。在戊戌变法前夕，这份报刊发表了不少介绍西方社会政治学说和自然科学的译文。翌年4月，《岭学报》附刊《岭海报》（日报）出版，于传播西学之外，还着重报道维新变法的消息。对于宣传维新思潮，省城也起着不可忽视的作用。

8 收回粤汉铁路权运动

20世纪初，广东的民族资本主义有了较大的发展。

资金万元以上的民族资本主义近代工厂90多家。1890年，广州出现了民族资本兴办的广州电灯公司。此前，南海盐步成立了宏远堂造纸厂。但由于帝国主义的经济侵略——特别是洋货大量在中国倾销，极大地冲击了民族工业，如糖业、面粉厂、火柴厂等纷纷倒闭。帝国主义对中国的侵略越益由战场转移为商场，通过经济侵略之手剥削和控制中国。借款给中国修铁路，也是他们经济侵略的一种手段。

1898年，美国合兴公司夺得了粤汉铁路借款权，从而控制了粤汉铁路权。借款合同规定：利息五厘；该路由合兴公司代筑，建成后由该公司进行管理；待借款还清后，中国才能将铁路收回自行管理。1900年，借款续约又规定：借款金额为4000万美元，分50年还清；5年内修好全路，不得将合同转让别国。但就在续约签订不久，合兴公司就将2/3股权私自出售给比利时东方万国公司。到1904年，合兴公司只修建了广州至佛山、三水几十里支线。这都违反了中美签订的借款条约。湖南、广东和湖北人民强烈要求废约并收回路权。10月，广州士绅、商人集会，要求废除条约，通电外务部和商部。商界学界也多次开会讨论收回路权问题。他们认为失去路权，就会失去政权，应用政治手段收回路权，甚至不惜以武力和鲜血去争取，否则誓不罢休。会议选出绅、商、学各界代表66人为路权公所办事员，印发几万份意见书分寄国内外。

对此，合兴公司极力破坏收回粤汉铁路权运动。

广州人民则与中南各省人民并肩携手,向美国财团进行针锋相对的斗争。合兴公司派许柏以协丰公司名义来中国游说,建议中国与合兴公司合同作废后,粤汉铁路由协丰公司承办,并谋求扩建支线的特权,即所谓"以美接美"。广州人民闻讯,立即发出公电,揭露美国合兴公司"以美接美"是"以暴易暴",保路运动万众一心,绝对不可阻挡。美方一计不成又生一计,提出中美合办方案。广州绅商开会研究后,坚持自办铁路的原则。湖广总督张之洞因与英国关系密切,害怕俄国通过比利时控制粤汉铁路,在中国的势力过大,同时想控制保路运动,使路权收回后归官方主持,赞成收回路权自办。因此,中美合办的诡计又失败了。后来,美国富商摩根用高价买回合兴公司卖给比利时的部分股权,声称该公司大部分股权仍控制在美国人手中,美方没有违约,中国要求废约乃无理之举。美国驻华公使更亲自出马反对废约,诬蔑中国废约运动如同抢劫。广东的商民代表批驳说,中国本有自主之权,美国背约在先,中国废约筹款赎路,是合理合法的,并警告美国如坚持反对废约,广东将联合湖南、湖北另筑一条铁路以抵制美国。由于三省人民坚持收回利权的斗争,合兴公司在1905年8月只好同意废除原合同,由中国赔偿675万美元。

收回粤汉铁汉的斗争终于取得了胜利,大大鼓舞了全国人民的反侵略斗志,高扬了群众的爱国主义,促进了民族资产阶级的发展,也表明了民族资产阶级在民主革命中的反帝作用。

⑨ 1905年反美爱国运动

1872年，美国发生经济危机，大批工人失业，社会动荡不安。美国资产阶级为转移国内人民视线，煽动排华，因为当时有大批被拐骗、掳掠的华工去美国西部开发。随后，美国强迫清廷签订《限禁来美华工条约》。同时，还颁布了许多排华法案，对入境华人的检查十分苛刻，有辱人格、国格。虐待华工、迫害华侨的情况，越益严重。1904年，《限禁来美华工条约》期满，美国华侨及中国人民强烈要求废除这个苛约。但美国不仅宣布过去所有排华法案继续有效，并准备迫清政府续约。这就激起了全中国人民的愤怒。1905年5月10日，广州、上海的民族资产阶级通过总商会首先发起抵制美货，全国各地迅速响应，形成一场群众爱国运动。

由于广东旅美华侨最多，对美国虐待华工的罪行感受最深，因此，广东抵制美货运动时间之长，参加阶层之广，涉及地区之大，确属全国之冠。从5月下旬以来，在广州举行了多次拒约大会。5月27日，广州七十二行商和八大善堂推举代表，连日在广济医院开会，讨论抗议美国继续推行苛约的办法。旋即成立了广东拒约会，呼吁不使用美货以抵抗美国苛约。在拒约会推动下，广州人民运用各种形式，广泛传播反对美国苛禁华工和抵制美货的道理，揭露美国迫害华工的罪行。7月23日，"抵制苛待华工不用美货总公所"成立，公举郑观应等8人为主席，作为领导全省运动的机关。总公所决定7月20日起不订美货，8月1日起禁用美货。参加抵制美货运动的阶层十分广泛，有商人、知识分子、工人、学生、农民、家庭妇女，甚至教会中的华人也卷入运动中。全省各地效法广州成立拒约会，反美浪潮汹涌高涨。

当时，许多爱国者走上街头向群众宣传，鼓动人民参加反美运动。爱国青年潘达微组织联志社，到处演讲。报刊宣传也相当活跃，《广东日报》、《有所谓报》等大量刊登反美文章、诗歌。由潘达微、高剑父等担任编辑的《时事画报》，图文并茂，生动活泼，很受广大群众欢迎。

反美运动开展后，广州人民掀起了声势浩大的抵制美货热潮。大街上到处贴着反美标语，义正词严地申明："美约苛禁华工，蔑视公理，凡我国人，公认一概不用美货，以为抵制。苛约一日不除，抵制一日不懈！"家家户户门口都张贴着"不买美货"的条子。纺织工人拒用美国棉纱，商人不运销美货，搬运工人不装卸美货，人民不买美货，学生从美国办的学堂退学，南粤大地顿时掀起抵制美货爱国运动的高潮。其中，以饮食行业抵制最为得力。当时美国在广州销售的商品中以面粉为大宗，面粉又以饮食行业使用最多，他们联手抵制美国面粉，使美国面粉销路停滞，积货如山。他们用国产面粉作月饼，称"雪耻饼"而风行一时。

美国驻广州领事勾结广东地方官吏，采取各种卑劣手段破坏和镇压群众的抗争。两广总督岑春煊根据美国领事的要求,于七八月一再出告示禁止抵制美货运动,要求停止集会演说,但人民不予理睬。街头出现一幅"乌龟抬美人图",讽刺那些媚外的地方官吏。8月31日,清政府颁发了镇压抵制美货运动的上谕,随后逮捕了拒约会的最得力办事人员。上海民族资产阶级迫于压力退出运动,广东民族资产阶级也开始动摇。12月,总公所一部分代表与美商谈判,按美商意见提出承认禁工12条。围绕12条问题,以经营洋货商人区达波为首诸人希望尽快结束抵制美货运动,以减少经济损失,所以极力为之辩护。以郑观应为代表的民族资产阶级主流派则坚决反对12条,要求全部废除工禁。两广总督岑春煊对12条十分满意,不断施加舆论压力。郑观应推病回乡休养,标志着主流派退出抵制美货爱国运动。运动转入低潮,到1907年1月1日,广东地方当局勒令抵制苛待华工总公所停止开会,抵制美货运动宣告失败。

虽然这次爱国反美运动最终失败,但沉重打击了美帝国主义,有力地声援了华工和广大华侨争取人身安全和平等地位的正义斗争,充分显示了广州人民自觉维护祖国尊严、维护华侨正当权益而团结一致反对帝国主义的崇高爱国主义精神。同时,反美爱国运动也取得了一定的成果——使美国政府被迫答应修改苛待华工的条约。当时的美国总统西奥多·罗斯福也不得不下令:对华商和留美学生,都必须待以最优之礼。显然,1905年反美爱国运动、收回粤汉铁路权运动、反对葡萄牙扩大澳门侵占地等一系列由资产阶级倡导的反帝斗争，虽未能完全达到目的，但仍有着重大意义：首先，它是民族资产阶级领导、有计划进行的斗争，表明了民族资产阶级在民主革命中的反帝的地位作用，也暴露了它的软弱性和妥协性。其次，维护了国家领土、领海主权，打击了帝国主义侵略势力。美国对华出口从 1905 年 5700 万元跌至 1907 年 2600 万元。再次，对促进民族资本主义的发展起了积极作用。最后，提高人民群众的民族意识，发扬爱国主义精神，逐步认清清政府卖国媚外、镇压反帝斗争的面目，使更多爱国人士走上革命道路。1905 年反美爱国运动正是 20 世纪初广东一系列爱国反帝斗争中重要的一幕，是广州人民反帝斗争历史中闪光的一页。

10 香港兴中会总部成立和乙未广州起义、洪全福起义

1894 年 11 月，伟大的爱国者、民主革命先行者孙中山在檀香山创立兴中会——资产阶级革命民主派的第一个团体。当时入会者仅 20 余人，募集军费几万元。第二年 1 月，孙中山与邓荫南到香港筹备成立香港兴中会总部。2 月 21 日，在主张爱国维新团体辅仁文社的支持下，香港兴中会总部成立。会员的入会誓词重申："驱除鞑虏，恢复中华，创立合众政府。"会员通过了《香港兴中会宣言》10 条。《宣言》指出：兴中会宗旨是团结国内外的有志华人，探索国家富强

的道路，振兴中华。为此，首先，开设报馆以开风气；其次，开办学校培养新人才；再次，发展商业，解决民生；最后，清除国家机构中的弊端，改革现状，使国家繁荣昌盛。宣言中没有公开提出如誓词那样用暴力推翻清政府，是为了避免清政府和港英当局的注意和压迫，以便兴中会得以立足并发展。

香港兴中会总部成立后，孙中山等人又在广州等地建立分会。到了1895年，兴中会已有会员178人，其中包括商人87人，工人39人，其他33人，大多数是华侨。从兴中会的纲领、会员成分和领导阶层看，它都可称是一个资产阶级革命民主派的团体。

1895年初，孙中山到广州建立兴中会分会，并筹划广州起义。3月，孙中山与杨衢云等商议，决定于10月26日即农历乙未年重阳节发难，一举攻占广州。孙中山主持军事指挥，杨衢云负责筹款、购买武器和招兵。香港《德臣西报》和《士蔑西报》的主笔黎德和邓肯都表示愿意在舆论上给予支持，该报发表社论希望外国人不要再充当镇压中国革命的戈登（参加镇压太平天国运动的英国军官）。兴中会在筹划起义过程中，引起了港英当局注意。8月27日，兴中会香港总部所在地"乾亨行"被查封。孙中山召开紧急会议商议起义的具体计划，订出进攻方案，并由朱淇负责起草讨满檄文和安民布告，黎德等则拟定英文对外宣言。会后，孙中山回到广州，把起义指挥部设在双门底王家祠内，并在东门外分设多个秘密机关，在洲头咀设置炸弹制造处。10月10日，兴中会召开重要会议，讨论起义后组织临时政府和选举总统等问题。一部分人拥护孙中山,一部分人则支持杨衢云,双方坚持不下,孙中山顾全大局,作出让步,杨衢云当选为兴中会会长和起义后的总统。预拟以3000精兵袭击广州,其他方面响应配合。

10月25日,各路人马化装进入省城。议定以青天白日旗为标志,用红带缠臂,口号是"除暴安良"。但次日孙中山在广州突然接到杨衢云要求延期举事的电报,他只好命令各路人马返回原地,按兵不动,等候命令。粤督谭钟麟于第二天得到密报,派兵包围王家祠等地,陆皓东等人被捕,而28日晨由香港运送武器的朱贵全等抵达码头后也即被捕。他们虽受尽酷刑,却坚强不屈,最后英勇就义。孙中山逃亡国外,起义流产。

乙未广州起义的失败,留下深刻的教训。因为它缺乏群众基础,没有充分发动社会最基层的广大群众,起义军大部分是杨衢云募集的雇佣军,根本没有战斗力。而且兴中会内部存在矛盾,步调不一致,杨衢云身为领导,没有按照计划运送军火和援兵,贻误战机。此外,朱淇之兄朱湘得知消息后向清政府告密,也是起义流产的原因。

乙未广州起义虽然失败,但其意义却是深远的。它是兴中会发动的第一次武装反清起义,更是孙中山踏上革命征途的第一个重要标志,从此开始了他的革命"战争事业"。在起义失败后,孙中山辗转到了日本神户。他看到日本报章登出《支那革命党首领孙逸仙抵日》的标题，深受启发，认为革命两个字出自《易经》，日本人称其为革命党很有意义，我们的党以后就称为革命党，打出革命的旗帜。此后，孙中山作为职业革命家，踏上他艰苦卓绝的民主革命历程。

1903年1月，兴中会会员谢缵泰与洪全福（洪秀全之侄，曾参加太平军。太平天国失败后，在香港义和堂行船馆任职并继续联络洪门）等共谋起义。计划于1月28日（农历除夕）爆炸万寿宫，把集中贺年的清吏一举消灭，然后由东江、北江的三合会众夹击广州，香山、东莞绿林策应。总指挥部设在广州同兴街，又在河南等处设立分机关20余处。由于事泄，起义流产。此次举事虽以"大明顺天国"为旗号，但起义文告申明"行欧洲君民共主之政体"，在天下太平后，"由人民公举贤能为总统"。孙中山虽未参与此役，但他的思想影响是明显的。

19 庚戌广州新军起义

1905年，中国同盟会在日本东京成立。1909年，同盟会南方支部在香港成立后，派遣赵声（广州新军第二团团长）、倪映典（广州新军炮兵排长）去争取、联络和策动广州新军起义。

1901年，清政府为了讨好帝国主义，缓和国内阶级矛盾，推出所谓"新政"。新军就是新政在军事方面的产物。清政府的新政实质上是革命风暴到来前被迫对人民做出的一种姿态，它决不是要进行真正的社会改革，而只是做一些表面功夫来掩人民之耳目，好挽救他那垂死的反动统治。但是，历史的车轮是不可阻挡的，落后腐朽的东西最终是要消亡，被新生事物所代替。新军的组建，走向了清政府初衷的反面。

许多革命党人都投身于新军，他们利用公开合法的身份在新军中扩大革命影响。新军联络部设在广州豪贤街天官里寄园巷5号，作为起义的总机关，又在雅荷塘67号、高第街宜安里等处，设立了分机关。革命党人利用组织新军士兵到白云山濂泉寺郊游等机会，由革命党人从中进行宣传鼓动，时机成熟后就分发同盟会入盟书给他们填写，宣誓入盟。新军的文化程度较高，爱国思想深厚，经过革命党人的宣传教育，激发了他们的报国热忱。不到一个月时间，广州新军士兵和下级军官加入同盟会的多达3000多人，约占广州新军人数一半以上。

南方支部看到形势喜人，决定于1910年2月24日即农历元宵起义，由赵声任总指挥，倪映典为副总指挥。不料在2月9日农历除夕这一天，广州新军士兵与警察发生冲突，捣毁了巡警分局，粤督袁树声派兵镇压。广州的局势如箭在弦上，一触即发。新军要求提前动作。倪映典到香港请示黄兴等人，决定将起义时间提前到2月15日。新军士兵在11日已做好了战斗准备，要求立即起义。倪映典看到新军士兵情绪高涨，难以抑制，临时决定第二天发难。12日清晨，倪映典率领新军3000多人在广州东郊燕塘起义，在牛王庙（今先烈路一带）与清军激战，杀死该营头目齐汝汉。

其他各营纷纷响应，公推倪映典为司令。起义士兵集体宣誓："愿为革命战死！"随后兵分3路向省城进军，占领沙河顶东明寺。粤督袁树声急调水师提督李准等率军2000多人前往镇压。双方对峙，僵持不下。最后，清吏唐维炯诈请倪映典到教会山商谈，倪在途中遭清军伏击牺牲。新军余部退回燕塘，在瘦狗岭、白云山、石牌、车陂一带，多次受到清军狙击。次日，清军四出搜捕革命党人，起义失败。

庚戌广州新军起义失败的主要原因在于：新军士兵不少是学生出身，带有小资产阶级的狂热和幻想。起义前不少人争着雕刻私章，以备日后升级之用。新军士兵与警察发生冲突，导火线就是因为雕刻木印的小事发生争执；同时，起义是在广州局势十分严峻的条件下发生的。由于新军与警察发生冲突，粤督出兵镇压，一些营部被缴了枪械，造成弹药不足。沙河顶一战就是因为没有子弹，无法抵御清军。此外，倪映典作为起义军司令，英勇有余而谋略不足，在阵前中了敌人和谈的奸计。他牺牲后，起义军群龙无首，难以坚持斗争。

庚戌新军起义虽然失败，但它却吸取了以往兴中会、同盟会武装斗争的教训：开始注意发动下层士兵，具备一定的群众基础；经过长期准备酝酿，较有计划地行事。因此，此次起义意义颇为深远。它表明新军是可以转化为革命武装力量，参与革命党人的"战争事业"，从而鼓舞了人们革命的信心，推动了革命形势的发展。此外，不容忽视的是它对华侨的影响尤为重大。新军起义后很多华侨踊跃资助革命,基本上解决了当时革命党人活动的经费问题。

辛亥革命后,人们在牛王庙建立了"庚戌新军起义烈士墓"。先烈们这种为革命献身的自我牺牲和英勇不屈的精神,值得人们永远怀念!

12 碧血黄花,浩气永存

庚戌新军起义失败后,孙中山分析了当时的形势:帝国主义列强疯狂侵略,使民族危机空前严重,中国的命运如同千钧一发,而清政府推行的是勾结列强、镇压人民群众反帝爱国运动的反动策略。人民的反抗情绪日益高涨,加之新军起义影响遍布长江以南地区,时机趋于成熟,于是计划在广州再次发动起义。

1910年11月,孙中山、黄兴、赵声、胡汉民等在马来亚槟榔屿召开同盟会的骨干会议。会议决定先在广州发难,待成功后,由黄兴率兵进攻湖南、湖北,赵声率部由江西进击南京,长江流域各省同时响应,然后会师北伐。会后,孙中山到美洲向华侨募款购买兵械,黄兴回香港主持军事。1911年1月在香港成立领导此次起义的指挥机关——统筹部,由黄兴、赵声分任正副部长。500多名全国各地及南洋华侨中的同盟会骨干组成敢死队,作为起义的中坚力量。孙中山等募集了广大爱国华侨捐赠的18.7万元作为起义经费。其他各项准备工作也在积极进行着。

3月25日,黄兴离港赴穗,并在越华街小东营5

号设立了起义总指挥部。黄兴任副总指挥。革命党人还在广州城内设立了38个秘密据点。敢死队云集香港，武器弹药陆续运入省城各个据点，起义条件已成熟。统筹部召集会议，决定4月13日起义，兵分10路攻城。然而当天发生了同盟会员枪杀广州将军孚琦事件，省城戒严，加之饷粮兵械没有全部运到，起义只好改期。当局势有所缓和时，黄兴决定于4月27日起义，改原来的10路进攻计划为4路进攻方案，由黄兴、姚雨平、陈炯明、胡毅生各领一路，约定下午5点半举义。不料，陈炯明和胡毅生按兵不动，姚雨平因领不到枪械也无法发动，只有黄兴一路作战，势成孤军。

4月27日（农历3月29日）下午5时半，黄兴率领敢死队130人，臂缠白布，手持枪械炸弹，从小东营出发，直奔距离甚近的两广总督署，击溃卫队并冲入内堂放火，但未抓住两广总督张鸣岐。当黄兴等退出督衙时，与水师提督李准援军迎面相碰，两军激战。黄兴右手中指食指第一节被枪打断，仍坚持战斗。由于敌众我寡，黄兴决定分3路突围。他和方声洞、朱执信等10多人向大南门冲杀，到达双门底（今北京路财厅前一带）时，因事前失去联络，竟误与前来声援的巡防营党人温带雄等展开枪战，方声洞中弹牺牲，其余队员被冲散，黄兴只身避入高第街一家商铺中，得到一店员热忱相助，易服出城到达河南秘密机关，随后逃往香港。其余两路队伍，与清军浴血奋战。年青的革命党人喻培伦在战斗中异常勇猛，他胸前挂满一筐炸弹，与敌人作殊死搏斗，直至弹尽力竭，全身受伤，被清军所捕获。他受审时大义凛然，高呼"学说是杀不了的，革命尤其杀不了"，从容就义。

广州"三·二九"起义奋战了一天一夜，终因伤亡过重而失败。许多革命党人牺牲了，尸体暴露街头。革命党人潘达微冒着被杀头的危险，求广仁善堂以维护卫生为掩护，收敛烈士遗骸。又以自己的房屋作抵押，购得一块荒草地（今黄花岗），将七十二具烈士遗骸合葬于此。从此，广州"三·二九"起义又称黄花岗起义。潘达微这一义举，一直为后人赞扬。1929年他病逝后，也葬于黄花岗七十二烈士墓园内。为纪念这次起义牺牲的烈士，1912年广东军政府建立烈士陵园，1919年华侨捐款扩建，陵园正门有孙中山手书"浩气长存"四个大字。七十二烈士墓碑后面，有一座石雕自由神像，象征烈士们的流血斗争是为了取得祖国和人民的光明和自由。

这次起义失败的根本原因仍旧是没有充分发动广大群众参加，加以领导核心不够坚定协调，行动不能一致，又屡次更改起义时间，致使大部分敢死队员没有及时参加起义。而且联络新军巡防营工作也有失误，致使起义时新军党人不能及时响应，甚至发生起义者与前来接应的巡防营互相误杀的惨剧，削弱了自己的力量。

这次起义虽然失败，但它却有着十分重要的意义，在国内外产生巨大影响，黄花岗起义是顺应国内高涨的革命形势而爆发的，烈士们为国捐躯、英勇献身的爱国主义精神和浩然正气进一步唤醒了广大人民，有力地激励着千百万革命志士继续努力奋斗。同时，也在政治上、精神上沉重打击了敌人，推动全国革命形势迅速发展。这次起义是武昌起义的前奏，成为辛亥革命的序幕。正如孙中山后来指出："是役也，碧血横飞，浩气四塞，草木为之含悲，风云为之变色。全国久蛰之人心，乃大兴奋。怨愤所积，如怒涛拍壑，不可遏抑。不半年而武昌大革命以成。"

值得特别说明的是，这次起义死难烈士中有29位是华侨。他们在战斗中表现出高度的爱国精神和无畏的英雄气概，以生命和鲜血促进了全国人民和海外华侨的觉醒，推动了革命进程。

当我们瞻仰黄花岗七十二烈士墓时，纪功坊的72块青石砖就是华侨捐献的。它不仅记录了烈士们惊天地、泣鬼神的功勋，也闪耀着华侨爱国主义思想的光辉。烈士们为祖国和人民的自由和光明而献身的精神，永垂不朽！

13 广东军政府和"二次革命"

1911年11月9日，响应武昌首义的革命党人多次在省内发动武装起义，终于在经历一番曲折后使省城光复。11月10日，胡汉民组织广东军政府。这是辛亥革命时期在广东建立的第一个革命政权。由于革命民主派的巨大影响和作用，同盟会员在军政府各部门首脑中占居多数。

军政府废除了原来的行政建制，将地方行政统一划分为省、道、县三级，既统一了地方行政建制，又简化了地方行政机关。军政府还颁布了一系列具有广泛民主主义内容的革新政策：①改革旧习俗。如剪辫、放足，禁止纳妾，严禁烟赌等，政府公务人员称先生，不许叫"老爷"。②改革司法制度。革命党人主张学习西方资产阶级司法制度，实行司法独立、三级三审制并废除清朝刑具，采取人证物证相互对勘的原则。③整顿财政制度，安定民心。④整顿军队，严肃军纪。

但是，由于军政府自身的和历史的局限，使它在某些重大问题上举措失当。军政府成立以后，就着手解散民军。民军在省城光复时发挥了很大的作用，但由于素质较差，纪律松弛，一些民军首领居功自傲。军政府没有因势利导，而是采取镇压手段，使军政府失去民军的支持。军政府另一重大失误在于向帝国主义妥协。广东光复后，帝国主义仇视革命军政府。英国更派出士兵，增援驻广州的英国军队。面对帝国主义的干涉，军政府却表现得软弱无力，把帝国主义视为友邦，竟承认清政府过去与西方列强订立的一切不平等条约、借款和外国人管理海关的特权等不平等要求。同南京临时政府一样，军政府执行了对外妥协的错误政策。

当大地主大资产阶级代表袁世凯逐步窃取了辛亥革命的果实后，一些革命党人对这个官僚、军阀抱有幻想。宋教仁把同盟会改组扩大为国民党，企图通过选举争取多数议会席位，以建立政党内阁，限制袁世凯的权力。1913年3月，国民党在国会选举中获胜。袁世凯大为惊慌，派人在上海车站刺杀了宋教仁。为独揽大权，袁世凯向五国银行团进行善后大借款，出卖国家主权，换取帝国主义的支持。正在日本访问的孙中山急返祖国，首先举起反袁斗争的旗帜，计划在闽、粤、赣、湘、鄂5省同时起兵，进行"二次革命"。

1913年4月，国民党机关报揭露了袁世凯的罪行，广东舆论界率先发出讨袁呼声。5月1日，胡汉民通电反袁。5月3日，广州各界开会，成立拒债救亡会，联合北京参、众议院和国内各省、海外华侨，坚决反对善后大借款，并向五国银行团发表声明，不承认袁记政府的违法借款。但是，在对袁斗争方式上，国民党内部发生了分歧。以孙中山为首的革命党人主张以武力推翻袁世凯，以黄兴为首的另一部分国民党员则主张通过法律途径解决。孙中山只好以个人名义电告胡汉民迅速宣布广东独立。而胡汉民正与陈炯明闹矛盾，无法调动陈统领的军队，于是电复孙中山说明时机未曾成熟。其他各省的革命党人控制的武装也不多，不敢轻举妄动。这就为袁世凯提供了调兵的喘息之机。

7月，原江西都督李烈钧奉孙中山的指示在湖口起义，宣布江西独立。黄兴眼见法律解决无效，也在江苏宣布独立，当即誓师北伐。二次革命爆发。

6月，陈炯明继胡汉民任广东都督。由于陈炯明与袁世凯有着矛盾，他在孙中山敦促下于7月18日宣布广东独立。安徽、上海、福建等相继宣布独立。

但是革命党人的军事实力已远非辛亥革命时期可比,民军遣散,军队裁撤,或被分化与收买,敌不过袁世凯部队,连连被袁军击溃。不足两月,讨袁军全线崩溃。

广东宣布独立后,陈炯明实际上无法控制局面。被袁世凯收买的军官态度消极,反对独立。许多高级军官不听指挥,一些人还联合起来反陈炯明,陈出走香港。高级军官便争权夺位,局势十分混乱。8月,龙济光进驻广州,出任都督,成为袁世凯在广东的代理人。广东"二次革命"昙花一现,归于失败。

二次革命的失败并非偶然,再一次暴露了中国资产阶级自身不可克服的弱点:第一,资产阶级政权并不完全代表广大劳动人民的利益,所以当广东军政府成立以后,10多万由贫苦人民组成的民军就被陈炯明解散,使广东在二次革命爆发后失去了军事支柱。第二,辛亥革命后,包括孙中山在内的许多革命党人认为革命已使民族主义、民权主义实现,而埋头于发展实业,对政权问题淡化。后来,其中一些成员又害怕二次革命会破坏资本主义发展的黄金时期,同时,对袁世凯抱有恐惧与幻想,反对讨袁。当广东宣布独立时,一些大商人制造金融混乱,纸币大跌。取消独立后,许多商人放爆竹欢迎,纸币也回涨了。这就表明资产阶级为了眼前的狭隘利益,不惜抛弃革命,甚至破坏革命。这次革命失败最重要、最关键的原因,当在于此。集中表现为孙中山所说的"同党人心之涣散"。辛亥革命至此告终,历史证明,资产阶级不能担负起领导人民进行反帝反封建的民主革命这桩伟大使命。

14 广东护法运动及其失败

袁世凯的倒行逆施,遭到全国人民的反对。流亡日本的孙中山组织了中华革命党。中华革命军在国内策划了反袁斗争。从西南地区发轫的护国运动,迅速扩大发展。袁世凯的皇帝梦被打破,并于1916年6月在京毙命。此前,孙中山返抵上海,发表二次讨袁宣言。袁世凯死后,他又向北京政府要求"规复约法"和"尊重国会"。

但是,形势并未好转。1917年7月,张勋扶持废帝溥仪登位。仅12天,帝制失败。段祺瑞僭任国务总理,掌握了北京政府大权。段祺瑞对外卖国投降,对内实行封建军事独裁统治,拒绝恢复国会和作为具有民国宪法意义的《中华民国临时约法》。

孙中山揭露了段祺瑞假共和真专制的丑恶嘴脸,号召恢复《中华民国临时约法》和国会,1917年7月中,孙中山到广州开展捍卫共和的护法运动。广州是民主革命的策源地,群众基础较好。统治广东的桂系军阀和滇系军阀为了对抗北洋军阀,保住并扩大自己的地盘,企图利用孙中山的威望,所以表面上表示拥护护法运动。7月21日,海军总长程璧光、第一舰队司令林葆怿宣布脱离北京政府,拥护护法,率第一舰队从上海开往广州。8月,大部分在沪的原国会议员相继到达广州。8月19日，南下议员开会讨论重开国会问题，因为出席者没有达到法定人数，因此，决定召开非常国会。非常国会决定成立军政府。31日，通过了《中华民国军政府组织大纲》。军政府的任务是平定叛乱，恢复《中华民国临时约法》；在它未生效之前，中华民国的行政权由大元帅行使，大元帅还在外交上代表中华民国。9月1日，非常国会推举孙中山为军政府大元帅，陆荣廷、唐继尧为元帅（桂系、滇系军阀头目）。当时除滇系桂系军阀所控制的滇、桂、黔、粤4省外，四川、湖南、湖北、河南、浙江等省也有一些县份响应护法运动。

然而，陆荣廷、唐继尧并非真心护法。当他们被推为元帅后，都坚持不就任，并一再发表通电，反对另组政府，声明广东今后无论发生什么问题，一概不负责任；又对军政府实行经济封锁，企图使它失去经济来源而无法支持。他们还在军事上破坏北伐和削弱支持孙中山的武装力量。军政府成立后，孙中山制定了粤、湘、桂、滇、川、黔各路军队同时出动，在中原会师以歼灭反动的北洋军阀的北伐计划。当北洋军阀大军压境威胁桂系统治时，由于孙中山的积极推动，陆荣廷曾同意组成桂、粤、湘联军援助湖南方面。但当护法军占领长沙、岳阳等地，准备乘胜北伐，桂军却对北洋军队停战，甚至为了自保而后撤，以致断送了北伐的有利时机。此后，湖南战线的军事行动没有多大的进展。当时广东省长朱庆澜被桂系排挤而辞职，他将20营的省长亲军交给军政府指挥。广东督军陈炳煜反对,强行将亲军收回。后来由于各界群众反对,加上潮梅镇守使投靠北洋军阀,宣布独立,桂系要求孙中山出兵平定并攻取福建,便调走陈炳煜,以莫荣新代其职,才将20个营的省长亲军交给军政府。孙中山于是派陈炯明统领20营,进攻潮梅和福建。此时,莫荣新却将孙中山派到各县招募士兵的工作人员诬为土匪加以杀害。1918年1月,他又以同样罪名诬陷大元帅府卫队官兵60余人,将他们逮捕并枪杀多人。孙中山面对桂系的背叛行为,忍无可忍,命令军舰炮击观音山的督军署。但由于陈炯明、朱培德等极力反对,所以没有完全达到惩罚莫荣新的目的。他变本加厉,把坚决拥护孙中山的驻粤滇军师长张开儒视为眼中钉,以唐继尧的名义强行解除张开儒的兵权,将其逮捕。

在英美帝国主义策划下,南北军阀勾结起来,主张停战订和,陆荣廷、唐继尧立即响应。孙中山则坚决反对议和。西南军阀把孙中山看作他们进行政治投机的障碍,设法排挤。1918年,滇桂军阀成立中华民国护法各省联合会与军政府对抗。随后,他们又拉拢联合反对孙中山的议员,操纵非常国会,通过修正军政府组织法,取消大元帅而设七总裁合议制,排斥孙中山的领导,从而改变护法的方向。当天,孙中山愤然辞职。改组后的军政府成了桂军的傀儡。孙中山离开广州前往上海,支持孙中山的议员同行。至此,第一次护法运动宣告失败。

但是,这次开府广州以进行护法运动的失败,留给孙中山和广大爱国革命志士以宝贵的经验教训:

首先，孙中山认识到南北军阀的本质是一样的，都是一丘之貉。他们有时打着革命的旗号，只是为了争夺名利。幻想依靠西南军阀来反对北洋军阀，是注定要失败的。其次，护法运动是反对北洋军阀的统治，维护共和制度，在当时具有进步意义。但是，它的悲剧结局表明了国内的封建反动势力——军阀、政客、官僚和帝国主义列强勾结起来扼杀中国的民主共和制度。国内的封建反动势力希望保持旧制度，以便让他们的反动统治延续下来。帝国主义列强则不希望他们的殖民地附属国走上近代化的道路，他们支持军阀的封建独裁统治，以便让他们继续压榨中国人民，瓜分和掠夺中国。因此，当俄国十月社会主义革命和五四运动发生后，孙中山及革命党人积极迎接新时代，开始探索和寻求一条使中国走上独立、民主和富强的新途。

13 五四运动在广州

1917年，俄国十月社会主义革命开辟了人类历史的新纪元。1919年5月4日，中国爆发了大规模的反帝反封建运动。从此，中国的旧民主主义革命时期转变为新民主主义革命时期。

五四运动爆发后，震撼了素有革命传统的广州。各高等、中等学校的师生们，联合工商农各界群众，成立了中华国难同志会广东总部、广东高等学校同学会、广东外交后援会、广东善后协会、广东中华民国策进永久和平会等爱国团体，采取了发表通电、集会、声讨、罢工、罢课、罢市、游行示威和抵制日货等各种形式，声援北京学生掀起的爱国运动。人们一致要求惩办国贼，收回青岛，废除卖国条约，释放被捕学生。广东各大报刊也积极声援北京学生运动。

5月11日，广州国民外交后援会联合各界民众在东堤东园广场举行10万人参加的国民大会。会场到处张贴着"誓杀国贼"、"保我国权"等巨幅标语。各界群众代表和一些国会议员先后登台演说，强烈反对帝国主义在巴黎和会对山东问题的无理决定，痛斥亲日派卖国贼曹汝霖、陆宗舆、章宗祥的卖国行径，指出中国在巴黎和会的外交失败是国耻。本来，第一次世界大战以英法日等国胜利和德国失败结束。德国的势力范围在中国山东，此时应交还山东主权给曾对德宣战的中国。但英法等国却让日本接收山东，而亲日卖国贼竟想在巴黎和约上签字。广大爱国群众一致认为，此时若不振奋起来挽救国家危亡，那么国破家亡之日不远矣。会后，群众队伍游行，以"国民请愿"的大牌为先导，学生一路散发传单和演讲，沿途群众纷纷加入游行队伍，声势极为壮观。队伍抵达军政府，派出代表向军政府总裁岑春煊、外长伍廷芳请愿，提出：取消日本强迫签订的"二十一条"及一切不平等条约，收回青岛；依法严惩卖国贼；要求北京政府释放被捕学生。岑春煊、伍廷芳迫于众怒，表示将尽力争取，游行队伍方才离去。

随后，广东省教育会、广东省会学生联合会、广东中学学生会等连续召开会议，决定开展提倡国货、抵制日货的斗争。不少爱国商人随即响应。当时广州的三大公司——先施、大新、真光公司却专事推销日货，被称为三大亡国公司。学生们组织纠察队，专门到码头检查日货，不分昼夜地巡逻和宣传。然而这三家公司依旧继续购进日货。5月30日，广州青年学生和平民举行以"抵制日货"为口号的示威游行。当行至长堤时，群众冲入先施公司将大批日货焚毁。又有大批学生涌入大新公司捣毁日货时，公司守卫鸣枪恐吓，学生们怒不可遏，将陈列日货的橱窗全部砸毁。群众接着向真光公司进发，反动政府派出大批武装军警进行镇压，当场打死2名学生，并有多人受伤。军警还逮捕了许多学生，关押在先施公司。第二天，日本驻广州总领事太田喜平晋见广东督军莫荣新，要求下令严禁人民的"不法行为"，这更激起了广州人民斗争的怒火。

不久，北京、上海等中等以上学校学生联合会派遣学生代表到广州，召开广州各学校代表会议，把运动推向一个新阶段。6月，广东中高等学校学生联合会成立，加强了对运动的领导。广州各校学生纷纷举行罢课，各行各业工人举行罢工，广州部分商人举行罢市，形成了三罢运动。运动不断拓展，很快席卷了广东各地。

在短短的期间内，广州的工人阶级、学生和各界群众汇成了一股强大的洪流，有力地支援了全国的反帝爱国运动。

俄国十月社会主义革命和五四运动，对广州的影响很大，激发了人们的爱国主义和反封建斗志，推动了马克思主义在广州和南粤地区的传播，促进了马克思主义与工人运动相结合，从而在思想上和干部上为广州共产党组织的建立奠定了基础。

16 广州共产主义小组的建立

五四运动以后，马克思主义开始与中国工人运动相结合。从此，中国工人阶级找到了改造世界的思想武器，以崭新的姿态登上历史舞台。1920年冬至1921年春，广州工人阶级先后成立了30多个工会，举行了8次罢工斗争。马克思主义广泛深入的传播，广州工人运动的迅速发展，表明广东共产党组织建立的时机已臻成熟。

1921年春，陈独秀联络广州的谭平山、陈公博、谭植棠等，建立了广东共产党（后改为"共产党广东支部"），成员共有9人。陈独秀任书记（后由谭平山继任），谭植棠任宣传委员，陈公博任组织委员，并决定把《广东群报》作为党组织机关报。7月，中共广东党组织派陈公博为代表，出席中共第一次全国代表大会。从此，广东党组织成为中国共产党的一个重要组成部分。

到第二年6月，广东党组织已发展党员30多人。中共广东党组织的建立，是广东近代历史上一个重要的里程碑。在中共中央领导下，它当之无愧地成为广东人民进行新民主主义革命的领导者和组织者。

广东党组织成立后,展开了一系列的工作。首先,广泛深入地宣传马克思主义理论,坚决地同有着不可忽视影响的无政府主义进行斗争。广东党组织利用《广东群报》等报刊,阐发马克思主义基本原理,全面批驳了打着共产主义招牌的无政府主义者反对阶级斗争、反对无产阶级专政等各种谬论,论证了只有马克思主义才能拯救和发展中国。《广东群报》开辟了"马克思研究"专栏,专门介绍和传播马克思主义。广东党组织成立了"马克思主义研究会",有80多名会员,还创办了《劳动与妇女》周刊,对广大受奴役和压迫的劳动妇女进行教育。这些宣传阵地,对于传播马克思主义、促进党的组织建设和思想建设,起了十分重要的作用。其次,创办革命学校,培养革命干部。党组织在广州高第街开办"广东宣传员养成所"和"注音字母教导团",以及创办"俄语学校",宣传马克思主义和介绍俄国十月社会主义革命的经验。此外,还举办了大大小小的党团员训练班,为革命培养了大批干部和骨干力量。再次,积极开展工人运动,并注意向农民群众进行宣传和教育。根据中共中央的指示,在广州成立了中国劳动组合书记部南方分部,负责领导广东的工人运动,由谭平山任书记。分部创办工人夜校,派干部在广州和到佛山等地开展工作,建立了各行各业的工会。1922年1月,香港海员工会领导香港海员罢工,掀起了中国工人运动第一次高潮。5月,第一次全国劳动大会在广州召开,有力地推动了广州工人运动的发展,使工人运动遍及全省。马克思主义小组还注意向农民进行宣传,他们认为进行社会革命,不先关注农民、联合农民,即是极大的错误。他们创办了一份《新农村》杂志,向广大农民撒播革命火种。共产党人彭湃在自己的家乡海丰县开展农民运动。广东党组织在积极推进工人运动的同时,已开始把农民问题摆在十分重要的议事日程上。此外,党组织还加强党的建设,发展青年团组织。到1922年,广州市已有团员400多人。党团组织的迅速发展,进一步发挥了党的核心作用和团组织的助手作用,从而,也加强了革命领导的核心力量。

17 第二次护法运动及其失败

第一次护法运动失败后,孙中山寓居上海,认真总结经验,继续策划斗争。为了推翻北洋军阀和桂系军阀的反动统治,夺回广东革命根据地,1920年8月,孙中山命令援闽粤军总司令陈炯明回师广东。

粤军兵分三路进军广东。迅速收复了广东各县并直逼广州。广东铁路工人和广州各校学生纷纷罢工、罢课,各地的农民也起来支持讨伐桂军。桂系军阀处于四面楚歌的境地,岌岌可危。在三路粤军夹攻下,陆荣廷、莫荣新为保存实力,被迫于10月24日向军政府总裁岑春煊辞去在军政府所任职务,取消西南独立,支持南北统一。孙中山看破了他们的诡计,不为所欺。10月29日,粤军一举攻克广州,桂系残部逃回广西。从此，结束了桂系军阀据粤的黑暗统治。

11月28日，孙中山重返广州主持大局，任军政府政务总裁。军政府发表宣言，以护法各省为基础，实行自治，进行各项改革。但是，军政府毕竟带有临时政权性质，而且一度为岑春煊、陆荣廷等军阀、政客所把持，信誉很差，而北京政府仍为中央政府。因此，要领导全国革命，就必须建立一个正式政府。

1921年4月7日，国会非常会议参众议院联合会在广州举行，会议通过了《中华民国政府组织大纲》。孙中山当选为非常大总统，理所当然地撤销了军政府。在对外宣言中，孙中山希望各国政府承认广州政府为中华民国唯一的政府。广州中华民国政府获得了广东人民的支持。广州几十万市民举行隆重集会，热烈庆祝新政府的诞生。

中华民国政府成立后，北洋军阀却准备南下出兵。陆荣廷也企图扰粤。在这种形势下，孙中山正式下令讨伐桂系军阀，解放广西。在粤军强大攻势和广大人民的支持下，桂系军队土崩瓦解，陆荣廷逃走，粤军占领桂林、南宁。广西平定，两广恢复统一。

之后，孙中山积极计划北伐。12月初，孙中山到桂林成立北伐大本营，多次同陈炯明商议北伐问题。但一心要占据广东的陈炯明并非真心护法，暗中与北方直系军阀相勾结，反对北伐。孙中山只好让其留守广州等地。由于北伐经费不足，粤军参谋长邓铿奉孙中山之命到广州、香港筹集经费，不料在广州车站被陈炯明指使部下暗杀。因此，北伐前锋部队虽已进入湖南，但整个入湘计划无法实现。

1922年3月，孙中山在桂林召开紧急会议，决定改变北伐计划，驻桂林部队全部回粤。不久制订了出师江西的方案，把大本营与军队迁至韶关。孙中山电召陈炯明到梧州商讨北伐大计，并派廖仲恺到广州催促。陈炯明不但不去，还辞去了他所任各职。孙中山只得亲自返回广州，争取陈炯明参加北伐。

当时，北方的直系与奉系军阀发动战争，孙中山按照皖系、奉系约定的计划，出师北伐。孙中山亲自督军，兵分三路向江西进发。一路捷报频传，很快攻克江西许多市县。陈炯明却乘机进驻广州，控制省城。孙中山不得不于6月1日回广州，主持政局。

6月15日，陈炯明发动了蓄谋已久的武装叛乱。叛军4000余人包围总统府，炮轰孙中山在观音山的住所。随后，电请孙中山下野。在宋庆龄的催促下，孙中山化装冲出叛军包围，到停泊在长堤天字码头附近的"宝璧"舰上避难，后转到"中山舰"上。孙中山指挥各海军舰艇和部分陆军向叛军反击，冒着酷暑在珠江水面上坚持50多天；又电令北伐军回师广东，平定叛乱。但当北伐军回师韶关时，遭到陈炯明和直系部队的前后夹击，无法进入广州。孙中山处于孤军无援的境地，被迫于8月9日离开广州到上海。

新军阀陈炯明的叛乱，是导致第二次护法运动失败的直接原因。护法运动的失败，再一次表明了共和制度在中国难以存在和发展。孙中山在上海发表《致海外同志书》，详细叙述了陈炯明叛乱的经过，沉重总结历史经验教训，决心寻找新的出路和继续进行新的斗争。

正当孙中山处于困境时，中国共产党向他伸出友谊的双手，给予热情的支持和帮助，而孙中山则积极地回应。在苏俄代表和中共的建议和帮助下，孙中山开始改组国民党。1923年元旦，孙中山发表《中国国民党宣言》。1月26日，又与苏俄代表发表联合宣言，确立联俄联共政策。孙中山革命道路上的巨大转变由是开始。他的政治生涯进入前所未有的新阶段。

18 国共合作与黄埔建军

1923年6月12日，中国共产党第三次全国代表大会在广州召开。大会正确地估计了孙中山反帝反封建军阀的民主主义立场，以及把国民党改造为工人、农民、小资产阶级和民族资产阶级革命联盟的可能性。大会决定国共两党实行合作，共产党员可以以个人身份加入国民党，使国民党改造成民族民主革命联盟，同时必须保持共产党在政治上和组织上的独立性。这次大会还提出了革命统一战线的理论，为第一次国共合作的建立做了必要的准备。

陈炯明被桂系逐走后，孙中山于1923年2月返回广州重建大元帅府。在苏俄和中共的帮助下，中国国民党改组筹备工作到1923年底已经就绪。孙中山矢志"以俄为师"，联俄联共，铲除军阀，唤醒民众，统一中国，以求国民革命的成功。他第三次开府广州，已经不再打起护法旗帜，而是"另为彻底之革命运动"。

1924年1月20日，中国国民党第一次全国代表大会在广州召开。出席的代表共197人，其中包括李大钊、谭平山、于树德、毛泽东、林伯渠、瞿秋白等共产党员。广东省和广州市代表有廖仲恺、冯自由、孙科等12人。孙中山指定胡汉民、汪精卫、李大钊、林森、谢持5人为大会主席团成员。

孙中山在大会开幕式上总结了历史经验教训，表示了改组国民党和改造国家的决心。1月23日，大会通过了著名的《中国国民党第一次全国代表大会宣言》。《宣言》总结了过去革命斗争的经验，分析了中国的现状，批判了当时存在的立宪派、联省自治派等错误主张，阐明实行三民主义、坚持国民革命是中国唯一的出路。孙中山对三民主义重新作出解释，把旧三民主义发展上升为联俄、联共和扶助农工的新三民主义。对于民族主义，主张反对帝国主义的侵略，争取中国民族解放独立，实行国内各民族之间平等联合。对于民权主义，主张权利应"为一般平民所共有，非为少数人所得而私"。凡是反帝反封建的民间团体均享有一切自由和权利，反动势力则"不得享有此等自由与权利"。对于民生主义，主张平均地权，节制资本，解决"耕者有其田"问题和改善工人的生活，防止"垄断"。新三民主义的主张和中国共产党的民主革命纲领基本上是相同的，都有着反帝反封建的要求，当然，两者也仍有本质的不同。因此，反帝反封建的新三民主义成为国共合作的政治基础。国民党"一大"

宣言，实际上成为国共合作的共同纲领。

大会正式通过了共产党员以个人身份参加国民党的决定。当讨论《中国国民党章程》时，国民党右派反对国共合作，经过李大钊、廖仲恺等的解释，大会终于通过了国民党章程，使共两党经由党内合作方式结为盟友。

国民党"一大"的召开，意味着完成了国民党的改组工作，使民党输进了"新血液"，获致了强大的生命力。这次大会标志着国共合作的形成，宣告反帝反封建的革命统一战线的正式建立。从此，中国革命进入了一个新的历史时期，广东成为国民革命的根据地。

1923年，孙中山平定陈炯明叛乱后，在中国共产党和共产国际的帮助下，更加认识到国民革命不能依靠军阀和其他不可靠的力量，必须建立自己的革命武装。孙中山决定创办陆军军官学校，聘请中共党员、苏联军事顾问任教，为建立革命军队培养骨干。在廖仲恺、邓演达等努力下，加以中共与苏联的大力协助，筹备工作顺利完成，1924年5月开学。陆军军官学校设于广州黄埔长洲岛，因此亦称为黄埔军校。

黄埔军校是国共两党共同创办的学校。孙中山任校总理，蒋介石为校长，廖仲恺为驻校党代表。中国共产党人周恩来、熊雄先后任政治部主任，叶剑英、恽代英、张治中、陈诚等分别担任重要职务。此外，还聘请了几十名苏联红军干部到军校任教和担任顾问。

军校第一期学生共500多人，于1924年6月16

日，举行开学典礼，孙中山亲致开学词，阐明军校的宗旨是创造革命军，以挽救中国的危亡；勉励全体师生要树立救国救民的伟大志向，立志革命，为革命成仁取义。军校采取军事与政治并重、理论与实践相结合的教育方针，培养了大批人才。黄埔军校从1924年创办到1927年3月，共培养了2万多名干部，许多著名将领，如蒋先云、徐向前、刘志丹、陈赓等都是从这里毕业的。

黄埔军校诞生在国民革命走向高潮的年代，战斗时刻召唤着师生们。黄埔一期学生还未毕业，帝国主义势力已经在策划商团武装在广州叛乱屠杀群众，妄图颠覆革命政权。苏联把一批枪支及时送给广东革命政府。黄埔学校的学生参与镇压商团军的叛乱。商团军不堪一击，革命根据地得以稳定和发展。这是孙中山继1923年9月果决地收回"关余"——扣除赔款和外债后的海关收入——后的又一次反帝斗争。

1925年2月，退踞东江地区的陈炯明勾结帝国主义企图进犯广州。以黄埔军校学生军教导团为主力的东征军，经过几个月的艰苦奋战，把敌军主力歼灭在五华等地。10月，广州国民政府进行第二次东征，黄埔军校的学生已成为新编国民革命军的战斗骨干，彻底摧毁陈炯明在广东的势力。至此，国民政府实现了广东革命根据地的统一和巩固的任务。

1926年7月，国民革命军出征北伐，军中许多主要将领均由黄埔学生担任。第四军叶挺独立团，则以共产党员、共青团员及军校学生组成。一年之内，北伐军席卷东南,越过长江,歼灭了数倍于己的吴佩孚、孙传芳部队,开创了轰轰烈烈的大革命局面。

然而,就在革命风暴席卷神州的时刻,蒋介石背叛了孙中山的遗训,屠杀革命党人,继上海的四一二政变后,广州形势急速逆转。黄埔军校发生了剧变,而军校学生也走上了不同的道路。但是,黄埔军校的创办为革命军队的建立打下了重要基础,在三年左右的光辉历程中,对统一和巩固广东革命根据地乃至整个国民革命都起到了重要作用。

19 农民运动讲习所和广东农运

国民党改组后,在中国共产党积极推动和孙中山审定下,重视"扶助农工"。国民党中央农民部颁布了《全国农民协会章程》。1924年5月5日,国民党中央执行委员会决定组织中央农民运动委员会,其中,有不少共产党员参加。6月底,决定在广州附近各县开展农民运动,并逐渐扩展到全省,同时还决定开办农民运动讲习所培养农运干部。

为了适应农民运动的蓬勃发展,在中国共产党的倡议下,革命政府于1924年7月在广州创办了全国第一所农民运动讲习所,由彭湃担任主任。从1924年7月~1926年9月,在广州共举办了6届,先后由彭湃、罗绮园、阮啸仙、谭植棠、毛泽东担任所长。广州农民运动讲习所的具体工作,都是由共产党人主持的。这个机构共培养了800名学生,他们对广东乃至全国的农民运动起了重要的促进作用。

农讲所最初招收学员只限于广东省内，人数较少。毛泽东在1926年主办第六届农讲所时，考虑到全国农民运动的迅猛发展，决定扩大招收学员范围，招收了20个省区320多名学员。

广州农讲所以培养农民运动的骨干，推动农民运动的发展为宗旨，因此，在教学方法和内容上都具有显著的特色。农讲所把学习和研究农运问题作为教学的主要内容，第六届农讲所有25门课程，其中8门是关于农民问题和农民运动的，包括毛泽东讲授的"中国农民问题"、"农村教育"和周恩来讲授的"军事运动与农民运动"等等。农讲所还注重学习革命理论，开设了"各国革命史"、"社会问题和社会主义"、"帝国主义"等课程。除了课堂讲授的教学方法外，还组织学生研究和讨论问题。第六届农讲所按学员来自的省区，组成13个农民问题研究会，拟定专题让学生研究和讨论。学习上注意理论联系实际，组织学生参加社会政治活动和到农村去实习。广州农讲所还组织学生学习军事，实行军事管理和训练，学生按军队编制编队，日常作息、上课、集会等都以军号令。每一届学员都要进行军事训练，黄埔军校、东较场、黄花岗、白云山等都是当年他们操练和演习之地。

学员毕业后，大都返回原籍策动农民运动。他们把革命的星星之火，撒向全国农村，点燃农民运动的燎原火焰。在这批农民运动骨干的推动下，各省农民协会纷纷组织起来。1925年5月1日,广东省第一次农民代表大会在广州召开,出席代表来自21个县农会组织,共117人。大会宣告广东农民协会成立,加强和统一了全省农民运动的领导。广东农民运动,由此进入了一个新阶段。到1926年5月,全省已有66个县成立了农民协会,会员达到62万多人,占全国会员总数的2/3。各级农协会组织农民自卫军,实行减租、禁烟、禁赌、废除苛捐杂税、惩办土豪劣绅等,在广大农村地区掀起了一场翻天覆地的革命高潮。1926年5月,广东省第二次农民代表大会在广州召开,这次会议有来自11个省区的代表,通过农会章程和30多个决议案。不仅是广东农民运动的一次大检阅,而且它对于全国农运的发展起到重要的示范和推动作用。在这时期,广东农民运动堪称是全国农民运动的先锋和中心。

广州农民运动讲习所存在时间不长,但对于广东农民运动和全国农民运动起了重大推动作用,它培养的学生在各地生根、开花、结果,成为农民运动的骨干力量。在这个意义上,广州农民运动讲习所无愧为农运干部的摇篮。广东农民运动还在东征、南征、援助省港大罢工、统一广东革命根据地和支援北伐等重大历史事件中作出了杰出的贡献,他们的功勋永载史册。

70年过去了,今天广州农民运动讲习所(第六届)旧址已辟为革命纪念馆,当年的陈设都已恢复,成为爱国主义和革命传统教育基地。

⑳ 省港大罢工

·国共合作，使革命统一战线得以建立，同时，也为工人运动的发展创造了有利条件。正是在这种形势下，广州工人运动出现了新高潮。

1924年5月1日，广州工人第一次代表大会召开，成立了广州工人代表会执行委员会，有力地推动了广东工人运动。11月，孙中山以大元帅的名义颁布了《工会条例》20条，承认工人运动的发展。1925年5月1日，第二次全国劳动大会在广州召开，建立了中华全国总工会，选举林伟民为委员长，刘少奇为副委员长，邓中夏、苏兆征等为执行委员。从此，广东工人运动就在全国总工会的统一领导下进行。

1925年5月30日，上海的工人学生为反对日本纱厂资本家枪杀工人顾正红而举行示威游行，遭到英国巡捕的枪杀，酿成震惊中外的"五卅惨案"。惨案发生后，激起全国人民极大愤慨。为支援上海工人和群众的反帝斗争，广州、香港工人举行了著名的省港大罢工。这次罢工的直接领导者是中共广东区委和中华全国总工会。在这场轰轰烈烈的大罢工中，著名的工人运动领袖苏兆征起了重要作用。

苏兆征（广东珠海市人）青年时在香港当海员。他接受了十月社会主义革命、五四运动——新文化运动的影响，于1925年参加了中国共产党。他曾领导了香港海员大罢工。

1925年6月19日,省港大罢工爆发。苏兆征等领导香港海员、电车和印刷等行业的工人首先罢工,其他行业工人随即响应。仅15天时间,就有25万工人投入斗争。广州沙面的洋务工人,也纷纷加入了罢工。港英当局采取种种高压政策,企图阻碍工人的正义行动。但罢工工人还是陆续离港,返回广州。23日,广州市民大会召开,通电呼吁全国各界共同筹备反帝的统一组织。会后,广州各界和省港大罢工工人10万余人举行反帝示威游行。中共广东区委负责人陈延年、周恩来等亲自领导群众参加游行。当队伍经过沙基时,盘踞在沙面的英法帝国主义军队竟然向手无寸铁的游行群众开枪射击,打死52人,重伤170多人,广州人民的鲜血洒在沙基路上。这就是骇人听闻的"沙基惨案"。

　　惨案发生后,广东各界要求调查事件真相和援助罢工。省政府成立了调查委员会,广州50多个人民团体参加了这项工作,发表了调查报告,向全国人民揭露了帝国主义的卑劣阴谋和残暴行径,指出沙基惨案是历史上帝国主义在中国所犯的最严重的屠杀罪行之一。7月3日中华全国总工会省港罢工委员会在广州正式成立。它是带有政权性质的最高执行机关,苏兆征任委员长。委员会下设局、部和处、医院学校等机构,出版《工人之路》,作为罢工委员会的机关报。

　　为了打击和孤立英帝国主义,罢工委员会组织工人武装纠察队和广大人民群众对香港实行封锁,禁止所有轮船来往香港和新界口岸。同时,严禁粮食外流,扣押走私物资，坚决抵制英货。香港的交通运输中断，日常生活用品奇缺，粪便垃圾堆积如山，香港变成了"臭港"。这次罢工，得到了国际无产阶级、广东革命政府以及全国人民的广泛同情和有力支持，坚持了一年四个月，不仅在中国工运史上是空前的，而且在世界工运史上也极罕见。它充分显示了中国工人阶级无愧为革命的领导阶级，沉重打击了英帝国主义，促进了广东革命根据地的统一和巩固，具有重大历史意义。

21 两次东征和北伐

国共合作以后，广东革命势力日益蓬勃发展，帝国主义和国内地主阶级、买办资产阶级极为恐慌。盘踞在惠阳、潮汕、梅县一带的陈炯明伺机破坏，企图卷土重来。在帝国主义支持下，他勾结吴佩孚等反动军阀，乘孙中山北上与冯玉祥商讨国家大计之机，妄图推翻革命政府。1924年11月，陈炯明自称"救粤军总司令"，集结6万多兵力于河源、兴宁一带，准备进窥广州。

为消除这个隐患，粉碎帝国主义和国内反动派的阴谋，巩固广东革命根据地，以便为统一全国打好基础，革命政府于1925年2月和10月先后进行两次东征讨伐陈炯明。

1925年1月，广东革命政府决定由黄埔学生军、粤军、滇军等组成联军，兵分四路进攻陈炯明，黄埔二、三期学生和两个教导团共3000多人参与。2月1

日，部队开拔。东征军与陈炯明的主力，在棉湖一带展开激战。东征军以2000兵力迎战2万敌军，终于将敌人打垮，是为第一次东征的决定性战役，扭转了整个战局而使首次东征获得胜利。

当东征军正准备直捣陈炯明老巢惠州时，原东征军中居左路的桂军司令刘震寰和滇军司令杨希闵倒戈，勾结英帝国主义和北洋军阀，于6月初在广州发动叛乱。在前线的东征军不得不回师广州平定叛乱，陈炯明乘机重新占领东江地区，在惠州集结重兵，企图夺取广州。为了彻底消灭陈炯明反革命势力，革命政府必须进行第二次东征。

1925年7月，广东政府改建为国民政府，随后将所辖军队统一编为国民革命军。10月，国民政府抽调兵力，组成东征军，黄埔军校生也编入东征军。出师前，任政治部主任的周恩来亲自组织了宣传总队，讲清国民政府的政策和东征的意义，发动群众支援东征。结果，在广大工农群众的大力支持下，东征军很快攻占陈炯明各个据点。10月14日，东征军终于攻克天险惠州城。11月恢复东江地区，陈炯明的15000官兵被歼。第二次东征大获全胜。

东征军于1925年底收复了海南岛地区。至此，广东革命根据地基本统一。东征的胜利，是国共合作的一次重大胜利，也是广大人民群众大力支持的结果。革命的国民党人和共产党人并肩作战，立下不朽战功。东征的胜利，为北伐战争奠定重要的基础。

1926年2月，中国共产党明确提出北伐以推翻反动军阀统治的政治主张。社会各界热烈响应，要求把革命推向全国。北伐也是孙中山的遗愿，他生前曾两次亲自督师北伐而未果。国民政府在6月初决定出师北伐，任命蒋介石为国民革命军总司令。为了打通北伐的道路，国民政府在5月已派遣叶挺独立团为先遣队，从广东肇庆出发，向湖南进军。7月9日，国民革命军誓师北伐。誓师大会在广州东较场举行，参加大会的有各界群众30多万人。

北伐得到全国人民的广泛支持。广东是北伐的基地和后方，因此，广东人民尤其热烈拥护。出师前后，中共广东区委和青年团广东区委多次开会研究北伐问题，宣传北伐意义，发动群众支援。省港罢工委员会专门成立北伐运输委员会。罢工工人组成了7000多人的运输队、宣传队和卫生队参加北伐。广州各行各业的工人主动加班加点，掀起募捐运动，为北伐出力献金。广东各地农民也积极参加支援北伐的行动。广州总商会资助50万元军费给北伐军。海外华侨和港澳同胞发扬爱国主义精神，以实际行动援助北伐。仅1926年9、10两个月，政府海外部就收到捐款毫银8.2万多元，港币2.8万元，金镑273元。还有直接汇回的捐款尚不计在内。广大群众为北伐作出了积极贡献，他们的支持则是北伐胜利的基础。"打倒列强，打倒列强！除军阀，除军阀！……"的歌声，响彻南粤大地。

当时，吴佩孚有10万军队集中在湘鄂地区。孙传芳也有10万军队盘踞于赣、闽、苏、浙等地。北伐军10万人分三路进军，战争首先在两湖打响。叶挺独立团于5月就先期开赴湖南前线。这个团的连级以上干部均为共产党人，2000多士兵中共产党员和青年团员占多数，团队的战斗力特别强，在两湖战场上连连击败劲敌。8月，在湖北汀泗桥和贺胜桥两役中，歼灭吴佩孚主力，声势大震。10月中旬攻下武昌。叶挺独立团英勇顽强，所向披靡，战功赫赫，被誉为"铁军"。其他两路军于12月占领赣、闽等省，击溃了孙传芳的主力。

北伐战争是国共联合反对北洋军阀的正义战争，也是在反帝反封建的革命统一战线旗帜下进行的革命战争，又是一场群众性的人民战争。由于国共两党的共同努力，特别是共产党员和青年团员在战斗中发挥了先锋骨干作用，并得到了人民的广泛支持和援助，北伐军仅用9个月就从广州打到上海、南京，占领了半个中国，打垮了吴佩孚和孙传芳等军阀部队，冲击了帝国主义和封建主义的统治，取得重大胜利，使革命势力迅速由广东向北方推进。

22 "四·一五"反革命政变和广州起义

北伐的胜利，使革命势力迅速扩展。为了适应革命形势的需要，国民党中央于1926年11月决定迁都武汉。蒋介石为了独揽大权以达其不可告人的目的，在北迁途中极力主张定都南昌。但是，蒋介石的无理要求，遭到共产党人和国民党左派的断然拒绝。

1926年12月25日，国民党广东省第二次代表大会在广州举行。这次会议是在革命的重要关头召开的，大会通过了党务工作报告和工农运动等决议案，促进了广东地区的国民革命。但是，国民党右派不断地掀起了反共逆流，使整个革命形势和政治局势日趋恶化。还在1926年3月，以蒋介石为代表的国民党新右派制造了"中山舰事件"。他调动中山舰，却又诬称中山舰"有变乱政局之举"，继以排除共产党在军队中的力量，夺取军队。两个月后，蒋介石又在国民党二届二中全会上提出了"整理党务案"，力图限制、削弱共产党在国民党内的地位和作用。蒋介石的卑劣行径遭到反击，阴谋未能全部得逞。1927年初，蒋介石暗中指使亲信制造一系列反革命反共事件，并加紧在上海准备进行反革命政变。

国民党右派也在广东各地攻击和破坏工农运动。他们诬蔑工农运动破坏社会治安，扰乱北伐。1月，国民党右派指使反动的广东机器工会突然袭击粤汉铁路工会宿舍，打死6名工人，打伤10多人。工人们要求政府严惩凶手，但广东省政府对此却包庇纵容，并无追究。2月，广东省警备司令部和公安局借口工人持枪斗殴，收缴工人纠察队的武装。4月，国民党右派又在广州、汕头等地大造反共舆论，革命根据地面临着严峻的考验。白色恐怖气氛日益浓重。

4月12日，蒋介石在帝国主义支持下于上海发动了"四·一二"反革命政变。国民党广东省党部也奉蒋介石的旨意加紧反共部署，借口防范反动派捣乱，命令公安局防范共产党员，并派遣党徒袭击共产党基层机关。与此同时,广州等地的国民党反动派迫不及待地准备召开所谓"护党救国"大会,阴谋策划"清党"行动。一时间,反革命乌云笼罩着广州城。

4月14日晚,广州戒严司令部钱大钧下令全城戒严,全市电话局、电报局一律由军队监视,《国民新闻》报社等新闻单位也遭到警察监视和把守。15日凌晨,国民党反动派开始在广州挥舞屠刀。国民党军队搜查和封闭了中华全国总工会广州办事处、省港罢工委员会、广州工代会、海员工会、铁路工会和广东省农民协会等革命群众团体,解除了罢工工人纠察队的武装,缴去黄埔军校学生500多人的枪械,逮捕共产党员和革命群众2000多人。同时,成立了广东"清党"特别委员会。自此,国民党反动派进行疯狂大屠杀。据不完全统计,在"四·一五"反革命政变中有2000多名共产党员和革命群众被杀害,其中包括优秀共产党员萧楚女、刘尔崧、熊雄等。面对敌人的白色恐怖,罢工工人纠察队和粤汉铁路工人奋起反击,在没有枪械的情况下同反动军警激战,终因寡不敌众,被残酷镇压下去。国民党反动派先后在广州、佛山、江门等地实行血腥统治,全省处于白色恐怖之中。

"四·一五"反革命政变发生后,中共广东区委召开紧急会议,决定将区委撤到香港,成立中共广州市委,由吴毅任书记,继续领导广州的革命斗争。然而,由于反革命力量远远超过革命力量,加以陈独秀右倾机会主义的错误领导,终于无法挽救和扭转广东政局。轰轰烈烈的大革命被断送。广东革命根据地不复存在,革命形势转入低潮。但是，广东人民坚忍不拔的英勇斗争精神是不可遏止和磨灭的。他们在中国共产党领导下，继续进行战斗！

正当中华民族的命运处于危亡的关键时刻，中共中央在汉口召开了八七会议，结束了陈独秀右倾投降主义在党中央的领导，确定了土地革命和武装反抗国民党反动派的总方针。1927年8月11日，中共中央决定成立南方局，以张国焘为书记（后由张太雷任），周恩来、张太雷、彭湃等7人为委员。张太雷向广东省委传达了八七会议精神，并制订了在各县市展开暴动的计划。11月初，张太雷、瞿秋白、苏兆征等制订了广州起义计划。11月26日，张太雷在广州召开会议，共产国际代表出席。会议决定，为了反击敌人和挽救革命，准备武装夺取广州政权，并成立了广州起义总指挥部——革命军事委员会，由张太雷任总指挥。

正当起义筹备工作紧张进行时，省委发现起义消息泄露，敌人已派出反动武装力量进行破坏和镇压，形势十分危急。于是，决定提前起义。

1927年12月11日凌晨3时，张太雷、叶挺、叶剑英等领导的广州起义爆发了。工人、士兵同时出动，向预定目标发起进攻。霎时，红旗招展，枪弹如雨，呐喊如雷。经过多番激战，反动势力逃到珠江南岸。两小时后，珠江北岸地区基本被起义军占领。这次起义得到工人、农民、士兵、学生及广大群众的支持。

上午6时，广州苏维埃政府（即"广州公社"）诞生。翌日中午，举行拥护苏维埃政府大会。大会通过了起义政纲,包括建立苏维埃政权;消灭反革命;没收大资本家财产,工业国有;没收一切土地归国有,归农民耕种;组织红军,联合苏联;打倒帝国主义等等。

此时,国民党反动派勾结英、美、日等帝国主义联合向广州反扑。帝国主义派出军舰向广州市区不断轰击,还派海军陆战队登陆,以及用军舰运载反动军队到广州。躲在珠江南面的敌人在帝国主义军舰掩护下,渡江向北区进攻并直扑起义总指挥部。张太雷闻讯乘车赶往北大门,途中遭敌人伏击而壮烈牺牲。

起义总指挥部鉴于敌人力量远超过我方,为保存革命力量,决定撤出广州。工人赤卫队为掩护主力撤退,与敌人展开肉搏巷战,涌现出许多可歌可泣的英雄事迹。

反动派重占广州后,进行残酷的杀戮,从12月14~19日5天内,被杀的共产党员和革命群众多达6000人。一些支援中国革命的外国革命者也献出了宝贵的生命。

广州起义虽然失败,但它却是广州革命士兵、工人、农民为挽救革命、粉碎敌人疯狂进攻,向国民党反革命势力进行的英勇反击。同时,又是中国共产党独立领导工农兵武装建立苏维埃政权的又一次伟大尝试。广州起义和南昌起义、秋收起义,成为共产党领导革命战争和创建红军,实行工农武装割据的伟大开端。它极大地推动了工农革命的发展,为革命斗争提供了宝贵的经验,即在革命低潮和敌强我弱的条件下,武装斗争要充分发动人民群众，及时转入农村和农民运动结合，建立农村革命根据地，才能取得胜利。此外，在斗争中还必须严厉镇压反革命势力，掌握经济金融机构，使之为革命服务。

23 十九路军英魂永存

蒋介石的反革命统治导致了日益严重的民族危机。

1931年，日本帝国主义在沈阳制造了"九·一八"事变，发动侵华战争，给中华民族带来了巨大的灾难。广州人民经受了抗日民族解放战争的血与火的洗礼，英勇战斗，不畏强暴，无愧为我们民族的光荣和骄傲。

在广州先烈东路南侧，有一座罗马纪功式的凯旋门，门上镌刻着"十九路军淞沪抗日阵亡将士坟园"，背面则是"碧血丹心"四字。从石坊走过几十米长的林荫道，就是十九路军抗日阵亡将士陵墓。草地上是方形的烈士英名碑。太阳形状的大理石底座上矗立着烈士纪念碑，后面为半月形的巨大墓廊围绕，象征着烈士们用生命捍卫祖国的伟业与日月齐辉。

"九·一八"事变后，日本帝国主义侵占了我国东北地区，继而进窥华北和华东。1932年1月28日晚，日军在上海闸北发动突然袭击。驻守上海的十九路军（绝大部分是广东籍军人）在全国人民抗日高潮影响下，英勇奋起，对日寇进行还击。"一·二八"淞沪抗战开始，全军3万将士与数倍于己的敌军展开殊死战斗，先后经历了大小上百次战斗，历时一个多月，取得了辉煌成果。日寇"要4个小时拿下上海"的狂言被粉碎了,不得不4次更换主帅。是役共歼灭1万多敌军,充分表现了中国人民的不屈不挠的英雄气概。

十九路军勇抗日寇的行动,得到全国人民特别是广州人民的大力支持。2月29日,广州全市学生绝食1天,支援前方将士。一些学生组织了赴沪参战队,中山大学派出代表团去上海支援十九路军的后勤工作。广州爱国学生还举行罢课,抗议国民党政府的不抵抗政策。各界民众也成立了抗日救国会。在中国共产党领导下,全国人民同仇敌忾,万众一心,开展各种抗日活动以支援前线。

但是,国民党反动派却奉行攘外必先安内的政策,对日本帝国主义妥协,百般阻挠、破坏十九路军的抗战。由于他们的出卖,十九路军第一道防线在3月3日被敌人击破,只得退守第二道防线。5月5日,英、法、美等国出面干预,国民党政府同日本帝国主义签订了丧权辱国的《淞沪停战协定》,出卖了中华民族的主权和尊严。

然而,十九路军的英勇事迹,却激励了广大人民群众的斗争,促进了他们的爱国主义的高扬,并使民众认识到国民党政府的不抵抗政策只能把中国葬送掉。只有在中国共产党领导下进行全面抗日救亡运动,才能拯救中华民族。

广州的工人、学生及各界爱国者,积极投身抗日救亡运动,在十九路军英勇抗战的鼓舞下,采取罢工、罢课和抵制日货等各种抗日行动。学校师生还深入农村宣传和发动农民支援抗日救亡运动。各行各业的工人自动捐款，组织义勇队、大刀队等准备参加抗日。

广州进步文化界和学生们组织读书会，学习和传播马克思主义，团结广大知识分子，积极进行救亡活动。在国民大学教授何干之等领导下，成立了"广州文化界大同盟"，后改组成"中国左翼文化总同盟广州分盟"（简称广州"文总"），广泛开展救亡运动。

十九路军的英勇业绩将永远被人们怀念，烈士的英魂长存！广州人民以抗日救亡的实际行动，表示他们的尊崇和追念。

24 荔湾惨案

1935年，蒋介石政权与日本帝国主义签订了出卖中国华北的"何梅协定"。中共中央立即发表宣言，动员全国人民起来抗日反蒋，挽救民族的危亡。在中国共产党直接领导的全国爱国学生运动，激发和带动了广大人民参加到革命的洪流中，为中国近现代史写下了光辉的一页。

1935年12月9日，北平爆发"一二·九"学生爱国运动，6000多名爱国青年学生首先举起了反抗日本帝国主义侵略的旗帜，全国青年学生热烈响应。由此，整个中国掀起了抗日救亡运动高潮。

广东地区的抗日救亡运动是以广州中山大学为中心的青年学生奋起响应北平"一二·九"运动为发轫。12月10日，在"突进社"等革命组织的联合部署下，中山大学校园里到处张贴着加了红圈和鼓动口号的剪报、壁报,介绍北平学生英勇斗争的事迹,号召同学们起来开展抗日救亡运动。10日下午,中山大学各学院及附中的许多班级开会,决定推动全校以至全市学生行动起来,以北平学生为榜样,发动全广州青年学生的抗日救亡运动。12日上午,中山大学召开了3000多人参加的师生抗日救亡大会,通电声援北平学生,谴责政府镇压学生运动,要求抗日自由,并决定举行抗日示威大游行。会后,中山大学师生进入市区游行。沿途有1000多中小学生加入。游行队伍向群众散发《告同胞书》,谴责蒋介石统治集团的不抵抗主义。他们高唱《义勇军进行曲》,高呼"打倒日本帝国主义"、"停止内战,一致抗日"等口号。群众热烈鼓掌,并且同声高呼口号。广州抗日救亡运动的开展,大大激发了广州人民的爱国热情,使较为沉寂数年的广州又沸腾起来。在省城的影响带动下,全省学生救亡运动蓬勃发展,预示着革命新高潮的到来。

13日以后,中山大学、广东法科学院、岭南大学和各中学的教职员工,纷纷举行抗日大会或致电声援北平学运。许多学校成立了抗日救国会,开展救国活动。12月31日,中山大学学生联合市内学生举行第二次示威大游行。广雅、执信、知用等学校学生参加游行。他们向西南政务委员会请愿,并发出通电:促请南京政府对日抗战;号召全国一致抗日救亡;慰问北平教育界。广州铁路工人6000多人召开大会,声援学生,各界人士也大力支持学生救国运动,要求政府对日宣战。岭南抗日救亡运动，一浪高过一浪。

1936年1月9日，中山大学、广雅、执信等学校约1万名学生在长堤新填地广场召开全市学生抗日大会，大批工人、市民也来参加，使会议人数增加到3万多人。大会通过成立广州市学生抗日救国联合会，并通电全国支持救亡运动。中国共产党的外围组织掌握了运动的领导权。会后举行全市第三次示威大游行，这次游行是人数最多的一次。许多学生出于义愤，冲击了压制学生救亡运动的省教育厅。广州抗日爱国热潮向各地延展，使华南地区的抗日运动节节高涨。

面对爱国学生声势浩大的抗日救亡运动，广东当局制订了8条反动措施，拼凑"广州市民救国锄奸团"充当打手，派遣特务潜入中山大学、广雅学校，监视爱国学生的行动，策划镇压学生运动。

1月13日，市女二中学生联合国民大学及附中、中山大学及附中、市二中等600多名学生举行示威游行。国民党广州市党部委员岳恩企图混进学生队伍冒充领队，被学生识破赶了出来。当队伍走到荔湾桥时，国民党反动派预先派出的"广州市民救国锄奸团"的武装特务和流氓抢占了荔湾桥，突然拔出手枪、铁棍向学生袭击。100多人受伤，中山大学学生朱文畅惨遭杀害，中山大学学生冯道先（后被杀害）等4人被绑架，许多学生被捕。这就是轰动一时的"荔湾惨案"。

惨案发生的第二天，国民党反动当局立即对广州学生爱国运动实行全面镇压，实行全市戒严，派出军警封锁省、港澳交通。连通往中山大学的石牌道路也禁止市民来往。支持学生救亡运动的中山大学抗日爱国教授邓初民、何敬思等,被迫逃亡。

广州青年学生持续1个多月的爱国抗日运动,在国民党反动派血腥镇压下转入低潮。但是,他们把抗日救国的火种传向四面八方,在东莞、汕头、普宁、揭阳、梅县等地,抗日救亡热潮广泛深入开展起来。广东的群众对卖国贼的嘴脸表现出极端的愤慨,对抗日救国的正确途径也有了进一步的认识。"一二·九"运动在广东的开展,大大提高了广东人民的爱国主义思想觉悟,锻炼和扩大了革命青年队伍,培养了大批抗日骨干,宣传了共产党的抗日主张,有力地帮助了广东共产党组织的恢复和发展。在中国共产党领导下,迎来全面抗日高潮,在广州革命史上留下光辉篇章。

25 广州反饥饿反内战运动

经历了艰苦卓绝的斗争,中国人民终于打败了日本帝国主义。但是,抗日战争胜利后,国民党反动派妄图夺取胜利果实,展开全国性的"剿共",蓄意挑起内战,要把中国推向为帝国主义欺凌的、专制独裁的境地。为反击国民党反动派的阴谋,广州等大中城市爆发了反饥饿、反内战的爱国民主运动,从而开辟了反蒋反美的第二条战线。

反饥饿、反内战的爱国民主运动的导火线,是1946年底北平发生美国士兵强奸北京大学女生沈崇的事件。"沈崇事件"发生后，全国各大城市50万人举行抗议美军暴行、反对美蒋反动统治的示威运动。1947年1月7日，中山大学、广东文理学院等校学生2000多人在广州举行示威游行，沿途高呼"抗议美军暴行"、"美国人滚出中国去"等口号。他们冲破沙面军营和铁丝网防线，到美国驻广州领事馆门前示威。1月10日，香港青年也成立沈崇后援会，通电要求美军撤离中国，并废除中美一切不平等条约。华南学生的爱国斗争开拓了广东爱国民主运动的新局面，把反饥饿、反内战运动推向高潮。中山大学及其他一些学校进行罢课斗争。5月31日，以中山大学、国民大学、广东文理学院为首的各校学生3000多人举行示威游行。他们打着"挽救教育危机暨反饥饿内战大游行"的巨幅横额，高呼口号。当爱国学生走到长堤时，遭到被国民党反动派收买的流氓打手的袭击，40多名学生被打成重伤，造成"五·卅一"惨案。当晚，又有近百名师生被捕。但广大爱国师生毫不动摇屈服，继续坚持斗争25天，终于迫使反动当局释放被捕师生，取得斗争的胜利。

就在"五·卅一"运动前后，中共广东地下组织在中山大学、广东文理学院、岭南大学、国民大学以及广雅、一中、二中、执信、广州师范等10多所大中学校建立和发展了"学生爱国民主运动协会"（即"地下学联"）推动了广东各界爱国民主运动的深化和拓展。

挣扎在饥饿线上的广大工人们再也不能沉默了。广州各行各业20多万工人相继举行罢工，要求提高工资。为了推进工人运动,中共广州市委在1948年建立了工人革命团体"广州新民主主义工人协会"。协会出版的《广州工人》小报,揭露了国民党广东当局的法西斯统治并鼓励工人参加爱国民主运动。

学生、工人及各界爱国群众的斗争,配合了农村的游击战争,打击了国民党的黑暗统治。事实证明,把中国推向独裁黑暗统治,倒行逆施,全国人民是绝不答应的。国民党政府的卖国内战行径只能使人民越来越清楚地认识到它的反动面目。随着爱国民主统一战线的逐渐形成,国民党反动派已处于人民的包围中。人心的向背是决定性的力量,反动统治总崩溃的日子不远了。

26 广州的新生

随着人民战争的节节胜利,华南解放指日可待。1949年9月11日,叶剑英主持召开了赣州会议。出席会议的有:人民解放军第二野战军第四兵团和第四野战军第十五兵团负责人陈赓、郭天民、刘志坚、邓华、洪学智,以及曾生、方方、雷经天等。会议的中心议题是讨论和决定解放华南的作战计划;党政军各级领导机构的组成和配备;以及接管城市的政策等问题。根据中共中央指示,组成了由叶剑英任第一书记,张逸群为第二书记,方方为第三书记的新华南分局。9月16日,召开华南分局第二次会议。会议决定分三步进军广东:首先,解放曲江;其次,解放广州;然后,进入桂林作战。华南分局随即在赣州召开高干会议，叶剑英在会上作了重要讲话，号召全军为解放华南而努力作战，要求做好城市接管工作，团结人民，安定社会秩序和恢复与发展生产。

根据赣州会议的总部署，南下大军在华南人民武装及广大人民群众紧密配合下，兵分三路进军广东。国民党反动派负隅顽抗，分别在曲江、翁源、广州三地设立了三道防线，企图阻挠革命队伍的前进。

人民解放军以雷霆万钧之势，10月初便攻破了第一、二道防线，长驱直入，进逼广州。广东各地共产党组织与广大人民积极响应华南分局的号召，在广东省支前司令部领导下，掀起了迎军支前热潮。各地成立了慰劳队、民工队，在大军前进的道路上设茶水站和歇宿站，帮助解放军护理伤病员、修桥补路、提供粮食，有力地支援了前线。

11月13日，解放军直逼广州城郊，解放了清远县，敌人最后一道防线全面瓦解。守卫广州市区的国民党士兵弃城逃跑。国民党反动派在解放军兵临城下时，企图对广州进行总破坏，他们策划炸掉广州发电厂、自来水厂、海珠桥，并把粮食转移。这些垂死挣扎大都被中共地下组织挫败。他们发动工人、学生、市民，夜以继日地进行护城、护厂、护校的斗争。工人们为防止敌人破坏水厂、电厂，在厂房四周架起高压电线，在工人英勇斗争下，水电厂的安全和正常供应得到了保证。除海珠桥被炸毁外，整个广州城未受到严重破坏。

14日下午6时,解放军先头部队到达沙河和广州北郊。随后进攻市区,追剿残余敌人,占领了国民党重要机关,如"总统府"、绥靖公署、省市政府、警察局等。解放广州的战斗胜利结束。解放军大部队由大北路进城,备受压迫和剥削的广州人民,排成整齐的队伍,热烈欢迎解放军进城。人民解放军与广州人民融会在一起,汇成欢乐的海洋。

广州这个古老的城市,经历了2000多年沧桑和百年殖民主义、封建主义的压榨,终于摆脱了双重的枷锁,重新焕发出青春活力。陈毅曾经感怀赋诗曰:"高阁羊城接大荒,骋怀极望郁苍苍。四时春气荣花木,千载唐音听粤腔。海舶百年来祸患,谪人历代富篇章。最是人民革命好,黄花岗连红花岗。"英雄的广州人民经过长期抗争,不断地探索救国救民的真理,经历了旧民主主义革命和新民主主义革命——社会主义革命与建设的里程,走向前所未有的辉煌。

三　思潮澎湃耀光华

鸦片战争爆发以后，广东——特别是广州地区成为外国资本主义侵华的前沿，它所承受的磨难，最为深重。在殖民主义和封建主义两重的枷锁下，广东人民的抗争也最强烈。同时，广州所在的珠江三角洲地区的商品经济颇为发达。加之，中外思想交汇，反映到社会思潮领域，则是丰富多彩。以早期地主阶级经世派思想、太平天国农民思想、维新思潮、资产阶级民主革命思想、五四新文化运动等，无一不是围绕着救亡与发展的主题。

由于广东的特殊地理位置和社会条件，西学东渐最先在岭南社会展现。忧国忧民之士从这里放眼看世界，而西方文化的冲击也使仁人志士产生了新思想、新观念。因之，广东成为中国近代所有思潮的策源地之一，起了启蒙的历史作用。同时，反帝反封建成为广东近代进步思潮的基调，爱国主义则成为主旋律。为了挣脱殖民主义和封建主义两重压迫，发展经济与社会，有识之士对中国近代化提出了各种方案。19世纪末，广东逐渐成为近代中国民主革命的策源地。

广东在近代中国社会思想领域中开风气之先，涌现了大批探求救亡与发展真理的先进人物。如洪秀全、洪仁玕、容闳、郑观应、康有为、梁启超、孙中山等，堪称群星灿烂，他们在中国近代思想史上占有重要地位，影响全国的社会思潮和社会运动的发展，无愧为在中国共产党成立前向西方寻找真理的先进代表人物。

岭南近代思潮有着明显的特点。由于近代中国社会的主要矛盾是中华民族与帝国主义之间的矛盾和人民大众与封建统治阶级的矛盾，民族斗争与阶级斗争贯串始终，经常处于尖锐化状态，反帝反封建的任务则十分紧迫和艰巨。因之，各阶级、各阶层的思想家们，不得不把注意力集中于当前最紧要的社会政治问题，即救亡和发展问题。进步思想家们所提出的各种理论和方案，大都是为了解决现实问题，形成其现实和战斗的特性。中国近代社会两大矛盾的急剧发展和激荡前进，使近代思潮的主流在短暂的80年中，从封建主义过渡到社会主义，而欧洲思想史的演变，却经历了几百年才走完这段行程。因此，中国近代社会思潮具有不成熟性，往往出现得快，淡化和消失得也快。匆匆提出主张与方案，还来不及深思熟虑地构架体系和赋予深厚的内涵，便已经由于社会生活的迅猛变化、发展的需要而被淘汰。这个时期是进步的，下一阶段就可能变成反动的。

中国近代社会思想具有现实性和不成熟性，而广东近代社会思想，除了具有这两个特点外，还明显具有启蒙意义和爱国主义特征。但严峻的事实是：由于中国资本主义发展的先天不足与后天的艰难缓慢，导致资产阶级软弱无力，只能产生不成熟的理论，尽管向西方吸收民主主义思想，却不能形成较完整、彻底的思想体系，这就决定了资产阶级不可能解决近代中国面临的独立、民主和富强的主要课题，不可能引导民主革命走向最终胜利，革命的领导权必然让位给无产阶级及其先锋队——中国共产党，而马克思主义也必然在思想、理论领域中占据指导地位，取代不成熟的思想理论。中国经历了农民式的乌托邦、中体西用、君主立宪以及资产阶级革命等种种尝试，但结果都是失败。在俄国十月社会主义革命后，马克思主义传播到中国，与中国工人运动相结合，加以五四新文化运动的发展，揭开了中国近代思想史的新篇章，也使中国革命进入新民主主义革命时期，最终走上社会主义。历史表明，中国正是走上新民主主义——社会主义道路，才真正使中国实现了独立、民主和富强，真正实现了近百年来人们为之努力奋斗的愿望。这不仅是中国近代社会思潮发展的必然选择，也是中国近现代百年历史的必然趋向。

鸦片战争时期的社会思潮

清王朝是中国历史上最后一个封建王朝，也是由人口较少的满族的皇帝与贵族掌握国家最高权力的王朝。封建专制主义在这个时期达到中国历史的高峰。文化思想上的钳制强化，大兴文字狱严重窒息了思想，并且摧残了人才。许多知识分子脱离和逃避现实,埋头于故纸堆中。在政治上与军事上,则对人民的反抗加以严厉的防范和镇压。然而,当国家内忧外患纷至沓来时,统治阶级和士大夫中的一些有识之士,开始关注社会现实问题,进行了认真的思考。

从乾隆末年起,由于土地兼并和封建剥削日益严重,阶级矛盾激化,农民起义此起彼伏。西方资本主义正处在蓬勃发展时期,其中一些国家用肮脏的鸦片贸易和坚船利炮,敲开了古老中国的大门。1840年爆发的鸦片战争的失败,一变千古之局,更促使爱国忧时之士进一步把目光投向世界。他们不再安于故纸堆中,而是把学术研究和解决社会问题结合起来,即提倡经世致用学风,研究时务,倡言改革。地主阶级改革派由是出现和形成。

龚自珍、魏源、林则徐是地主阶级改革派的重要代表人物,他们开创了近代中国社会思潮新风气之先,在理论和实践上,对腐朽的封建社会进行了批判,同时为挽救封建"末世"的命运而主张经世致用和社会改革,提出了"师夷"的主张,反对西方列强的侵略。改革派所提倡的经世致用和改革思想,虽未能突破封建主义藩篱,但已成为中国近代社会新思想的发轫。他们中许多人不是广东籍,但他们的许多实践活动是在广东展开的,在广州地区,主要代表人物是朱次琦、陈澧和林则徐。

朱次琦和陈澧,被称为"岭南两大儒",是近代广东著名的经学大师、教育家和爱国思想家。

朱次琦(1807~1881),南海九江人,人称"九江先生"。1847年,他中进士,出任山西襄陵县知县,因目睹官场的黑暗和触目惊心的社会现实,辞官回家,在九江礼山草堂讲学。康有为、简朝亮等都是他的学生。他反对汉学与宋学的门户之见,勉励学生要积极上进,为国效力,倡导"经世致用"。所谓"经世致用",就是指学习经书要有裨实用,不能食古不化,也不能只学皮毛而忽略书中要旨。著有《朱九江先生集》10卷。

朱次琦还是一位爱国主义思想家。在鸦片战争时期,他就极力反对投降派卖国媚外的行径,主张坚决抵制侵略,曾痛斥琦善的卖国行径。1875年英国借"马嘉理事件",强迫清政府订立《烟台条约》和遣使向英国道歉。朱次琦对此极为愤慨,指责李鸿章等人是灭自己威风,长侵略者志气,未作抵抗就先已屈服。他的爱国思想对康有为有很大影响。

陈澧(1810~1882),番禺人,世称"东塾先生"。他在学海堂、菊坡精舍任教数十年,培养了大批学生,形成东塾学派。他的著作多达116种,其中以经学的成就最大,其代表作《东塾读书记》,论述经学源流和诸子百家,为后世流传。此书传到日本,至今仍是高等学校汉学专业的必读书。

陈澧继承了清初爱国思想家顾炎武的治学方法,他认为要博学,就先要专一,以经学为主,把汉学和宋学融会贯通,实行经世致用。政治上,他极力支持林则徐严禁鸦片和在广东进行改革的措施。他还认识到要抵抗西方列强的侵略，首先就必须了解外国的情况。陈澧十分赞赏和推崇魏源撰写的《海国图志》，称他为有识之士，认为国家有这样的人才就能重振国威，而只有中国本身富强起来才能抵御外侮。陈澧主张改革科举制度。他批评科举制度埋没和败坏了中国的人才，认为只有发展学术，才能培养更多读书明理的人才，而由这些人做官从政，政治方能有所革新。可见，陈澧是一位关心国家前途命运的爱国思想家。

鸦片战争后在广东地区乃至全国都兴起了一股"开眼看世界"的思潮。这一思潮是地主阶级改革派思想中的重要组成部分。龚自珍、魏源、林则徐等则是其代表人物。林则徐奉命到广州禁烟，使得改革派的部分主张得以实践。

改革派的思想主张和政治抱负主要有下列几点。

首先，他们都主张学以通今，学以致用。他们认为汉学和宋学厚古薄今，逃避现实，空谈理论，迂腐不堪，不仅扼杀人们的才智，还禁锢人们的思想，许多知识分子学而无用。因此，应鄙弃汉学和宋学的缺点，建立新学风。治学要通今博古，为通今而博古，切勿死守过时的东西。注重实践，力避空疏。这些见解显然有朴素唯物主义色彩。

其次，比较尖锐地批判封建王朝政治的黑暗腐败。鸦片战争之前，清王朝已经开始走下坡路，社会黑暗，吏治腐败，士气败坏等，都使改革派从混沌中惊醒，激起他们的不满和愤慨。于是，改革派的代表对封建社会进行了猛烈的批判，这方面突出人物就是龚自珍。

早在1813年，龚自珍写作《明良论》时，就开始向封建帝王的绝对权威宣战。他目睹封建末世的黑暗与腐朽，以其敏锐的眼光和卓越的胆识予以无情的鞭挞揭露，把矛头直指造成社会黑暗的封建君主专制。他大胆犀利的言论在鸦片战争前夕那"万马齐喑"的沉闷年代，宛如石破天惊。这个时期中的改革派批判封建专制主义的思想超过了以前历代思想家，具有了新的内涵，并预言这些社会弊病如不疗救，必将引发社会巨变。他们力图警醒人们，确是起到了振聋发聩的作用。

第三，极力主张社会改革。龚自珍、魏源、林则徐等从挽救封建社会的危机出发，强烈要求改革弊政，整顿吏治，并在农业、河工、漕运、盐政等方面，提出具体的除旧布新措施和方案。林则徐以钦差大臣身份到广州禁烟后，对广东海防就进行了整治，加强沿海防卫能力，组织民兵水勇，依靠群众力量以打击侵略者。同时，他又以经济为首务，即使被贬新疆后仍策划水利建设事业，可称为地主阶级改革派中的卓越代表。但他们一整代人的改革主张，无法突破封建主义的藩篱。他们要求进行社会变革的最终目的是挽救正在崩溃的封建社会制度，所开出的药方也不外"古时丹"而已。

主张了解西方，学习西方的某些东西（主要是物质文化），反对资本主义侵略，是这一时期社会思潮的特色和主要内容。从清初开始，中国就实行闭关锁国政策，对外交往几乎断绝。清政府以"天朝上国"自居，盲目自大，认为中国以外的国家都是落后的、不开化的民族，中国无须了解世界，中国已经是世界的文明中心。因此，长期以来，中国闭眼不看世界。直到鸦片战争结束时，官员们还不知英国有多大，英国人到新疆有无旱路可行等，充分表明了封建统治者对世界惊人的无知。

面对西方列强的侵略，一些有识之士已开始注意外国的情况。我国第一部介绍世界概况的著作《海录》，它是根据我国首次环球旅行的海员谢清高（今广东梅州市人）的口述写成的。林则徐在广州禁烟时，曾将此书推荐给道光皇帝。《海录》介绍了东南亚、欧美等大小国家60多个。谢清高在鸦片战争前就已预见到鸦片的危害，深为中国人民的未来担忧。此书对中国知识分子认识世界产生了一定的积极影响。

鸦片战争的失败和丧权辱国的《南京条约》的签订，意味着"天朝上国"的美梦被残酷的现实打得粉碎。地主阶级中爱国忧民之士痛定思痛，把眼光转向海外，并开始思考西方的挑战，林则徐堪称为优秀的代表。战前，他到广州禁烟时对世界和侵略者缺乏基本的了解，认为中国闭关会使英国失去生计，甚至认为穿着西裤的英国士兵膝关节不能弯曲，上岸后不能行走，跌倒后难以站起。不久，林则徐在广州认真阅读关于海外情况的书籍，组织人力翻译有关外文资料，编成《四洲志》。这部书初步勾画了世界的轮廓，粗略介绍了世界各大洲，对闭目塞听的中国人来说，不啻打开了一扇眺望世界的窗户。

林则徐被革职贬赴新疆时,将《四洲志》及其资料交给挚友魏源。魏源在此基础上不断增补辑录,编成著名的《海国图志》,他在书中提出了其有名的论点——"师夷长技以制夷",并陈述了许多社会改革主张。"师夷长技以制夷",即通过学习西方先进的物质文明以抵抗资本主义的侵略。"师夷长技以制夷"思想的提出,使鸦片战争后"开眼看世界"思潮具有了鲜明的主题,因而变得更有号召力和影响力。从此,向西方学习逐步成为先进中国人孜孜不倦,追求救国救民真理的一个鲜明特色,形成一次又一次学习西方的热潮。魏源"师夷长技以制夷"的学说,不仅在国内影响深远,《海国图志》传入日本后,对其政治、文化等各方面产生巨大影响,日本的维新派更是对它推崇备至,对明治维新起了积极作用。

此后,许多爱国志士在先行者思想的影响下,为抵抗外国侵略,挽救民族危亡,致国家于富强,放眼世界,进行不懈的探索,以求得真理。他们纷纷著书立说,介绍西方文明。如徐继畬的《瀛环志略》,简介了近80个国家的地理、历史和风土人情。梁廷枏著《海国四说》、《合众国说》,介绍了英美的历史、地理和美国的民主制度以及基督教等等。姚莹的《康輶纪行》,记载了英、法、俄等国史事。

鸦片战争时期出现的这些史地著作,向中国人民传述了世界各大国的地理、历史和社会状况,提供了关于世界的新观念,第一次把中国人关于"天下"的概念建立在近代地理科学知识的基础上,并以较科学的态度观察世界各国的情况，摒弃了过去那种奇谈怪论，开阔了中国人的眼界，使之更多地实事求是地了解世界。更重要的是这些著作打破了中国是世界中心的神话，使中国封建专制君主权威和"溥天之下，莫非王土"的陈腐理论逐渐崩毁。蒙昧一旦被打破，新的思想观念得以产生。一些知识分子更对资本主义文明产生了向往，赞赏西方物质文明和民主政治，令长期处于封建专制主义禁锢下的人们，开始向西方学习。开眼看世界和向西方学习的思潮蓬勃兴起，开始了近代中国西学东渐的艰难历程。

2 太平天国的农民思想

中国在鸦片战争中失败和一系列的不平等条约给中国人民带来巨大的灾难，使中国一步步沦为半殖民地半封建社会。

巨额赔款增加了劳动人民的负担，鸦片贸易合法化使中国的白银大量流失。清政府财政金融出现危机，只好加紧搜刮民脂民膏以增加税收，致使大批小土地所有者和自耕农破产，这种情形在广州地区十分严重。五口通商后，资本主义商品逐步倾销到中国，阻碍了中国民族工业的诞生和发展，并使大批手工业者失业破产。因之，鸦片战争后中国社会出现了庞大的游民，主要是农民和手工业者。他们流离失所，容易萌发反抗意识。所以，当太平天国农民运动爆发时，他们就一呼百应，投身于反清斗争。

鸦片战争后,清政府被迫取消基督教在中国传播的禁令。西方传教士以征服者的姿态更多地闯入中国,其势力遍布广东、福建、上海等沿海地区,他们中的不少成员成为侵略的工具,为殖民主义服务;同时,对中国社会产生了不可忽视的作用。广东人梁发就是第一个华人牧师。他编写了《劝世良言》等9种布道书,结合中国风俗人情,阐发基督教教义。这本书对洪秀全创立拜上帝会起了重要影响。

洪秀全从16岁开始参加科举考试,到他31岁时,15年间先后4次应试,结果都名落孙山。考场的失意和社会的黑暗,使洪秀全非常愤懑。一次偶然的机会,他在广州得到并阅读了梁发的《劝世良言》,被书中许多前所未闻的新鲜事物和宗教救世思想所深深吸引,于是决心利用基督教教义来改变社会现状。

1845~1848年间,洪秀全着手从事理论创建工作,先后写了《百正歌》、《原道救世歌》、《原道醒世训》、《原道觉世训》等著述。在文章中,洪秀全把西方基督教的原始教义加以改造,并把它同中国传统思想结合起来,使之中国化,以便更能为广大人民接受。

洪秀全引用中国古籍证明,基督教所信的上帝就是中国古代人民所拜的皇上帝。世间只有皇上帝,其他的鬼神都是阎罗妖作怪变化而成。拜奉上帝,生前可以受到上帝保佑,死后灵魂能升天堂,享受快乐。否则生前死后都要被妖鬼缠住,永远在地狱受苦。他号召广大贫苦劳动人民共同信奉皇上帝,合力诛灭妖徒鬼卒。洪秀全把皇上帝当作光明、正义、公平的化身,他能给人们带来平等、幸福。与上帝相对立的"妖",则是封建统治阶级,清帝是"阎罗妖"的头目,下属官吏是"阎罗妖"的走卒。洪秀全通过宣传敬拜上帝、诛灭阎罗妖的道理,在广大群众中传播了反抗清朝贵族残酷统治的火种。

洪秀全认为可以在人间实现天国的梦想,即所谓的"大同"世界。按照洪秀全的理解,普天之下的人们都是兄弟姐妹,因为他们都有共同的一个"天父"。如果大家能认可这个事实,就不会再有疆界之分和吞并之念,大同世界就会出现。他向世人描绘了一个美好的社会前景,号召人们抛弃狭隘的见识与气量,共同敬拜皇上帝,实现人间天国的理想社会。

1843年,洪秀全、冯云山和洪仁玕在广东花县创立"拜上帝会"。当然,它不是单纯传播宗教的布道团,而是作为一个秘密团体,在当时的历史条件下起着反对清政府的民间组织的作用。事实上,由于社会矛盾激化,反清斗争此起彼伏,洪秀全在深入农村宣传宗教救世的道理时,遭到封建势力激烈反击,洪秀全、冯云山被控图谋叛乱,意识形态的斗争变为政治斗争。在这种大气候、小环境影响下,洪秀全终于走上农民运动领导人的道路,由救世主转变为发动和组织农民战争的领袖。

1848年,洪秀全完成了《太平天日》一书,他宣布自己是上帝的儿子,耶稣的弟弟。上帝命他下凡诛灭妖魔,建立太平天国。洪秀全以"太平天子"的面目出现,提出"奉天诛妖"和"斩邪留正"两个鲜明的口号，表明了以暴力手段推翻清王朝的决心。

应该指出，洪秀全走上反清道路之后，并没有抛弃他的宗教理论，而是把一些与暴力抗争不相容的地方加以修改、完善，以适应农民战争的需要。

洪秀全在广西金田发动起义后，为了把习惯于散漫生活的农民结成统一的组织，加强了一神论的宣传，以统一全军的思想。一神论宣扬上帝是独一的真神，他至高无上，无所不能。洪秀全极力批驳基督教中"三位一体说"，即上帝、耶稣、圣灵是同一神，不是三位神。他认为耶稣是上帝的儿子，当然有别于至尊的上帝。耶稣处于次尊地位，人间君主则更不能称帝。洪秀全自己也不称帝，而只称"主"。太平天国中所有人都须敬拜皇上帝。洪秀全曾对全军将士说，从金田到南京一路上的节节胜利，是皇上帝的旨意和安排，所以攻无不克，战无不胜。皇上帝成了太平军浴血奋战，杀尽人间鬼怪，无往不胜的精神支柱。同时，也成了鼓舞群众斗争，坚定群众必胜信念的力量源泉。正如洪仁玕所讲，太平天国以皇上帝为尊，所以万众一心，有天父天兄（指洪秀全等），就不怕人间的妖魔鬼怪。太平天国领导人极力鼓吹一神论天命观的真正用意，当在于此。

太平天国建都南京后，于1853年颁布《天朝田亩制度》，这是一个以解决土地问题为中心内容，包括政治、经济、军事、文化和社会生活的农民阶级的纲领。它按照"人人不受私，物物归上主"的原则，把全国土地收归国有，然后平均分配，实现"有田同耕，有饭同食，有衣同穿，有钱同使，无处不均匀，无人不饱暖"的人间天国的理想境界。

《天朝田亩制度》对治理广大农村的经济与社会作了如下规定：平均分配全国土地，即将全国土地按产量高低分成三等九级，按人口分配，不论男女；改组整个社会结构。每25家组成一个单位，称为"两"，设两司马，管理本单位生产、分配、宗教、军事、行政等生活事务。男人主要种田；女人养蚕、织布和做衣。规定每家要养母猪、母鸡各5只。另有从事陶、冶、木、石等手工业工人。可见，"两"实质是一个麻雀虽小、五脏俱全的自然经济与社会的基本体系；在分配上，每"两"所生产的农副产品，除供给25家食用的新谷外，全部交归国库。25家中如有某户遇嫁娶等事需额外用钱粮，则由每"两"所设的圣库定量供给，家家相同，无分轩轾。凡丧失劳动力者由国家供养。

太平天国定都天京（今南京）后，对城市也大体按照以上规定实行绝对平均主义原则，重新组织天京的经济和生活：废除私有制，一切财富归国库管理，人民所需生活物资由国库分配。手工业生产品直接满足人民和军队的需求，不进入商业流通领域。这就完全废止了商业。全城居民还像军队一样，男女分行，除天王及诸王外，即使是夫妻也不能同住一起。整个天京城变成一个生产大集体和大军营。

太平天国治理城乡的最大特色是绝对平均主义。

这种绝对平均主义以否定任何形式的私有制和私有财产为前提，包括地主阶级封建土地所有制，城市商人和手工业者的私有制，以及小生产者、农民那少得可怜的一点土地和财富。所有这些财物都归天王所有。这种做法从反对封建土地所有制的方面来看，具有积极意义。它反映了农民渴望得到土地和平分财富，挣脱贫困，推翻封建土地所有制压榨的美好理想。然而，它在另一方面又彻底剥夺了商人、手工业者以及个体农民的私有财产，他们的劳动所得，除了必需的口粮外，其余一律上交。劳动者连生活资料都没有保留。显然，这违背了人民群众的意愿和社会经济发展规律。

同时，绝对平均主义还体现在几乎所有的社会生活领域中。如在分配问题上，不论男女老幼，不计劳动成果的质量，一律平均分配，毫无差别。事实证明，这种吃大锅饭的绝对平均主义，只能挫伤劳动者的积极性，限制了社会生产力的发展。既不能导致共同富裕，而建立在贫困基础上的平均主义只能带来严重消极后果。毫无疑问，在近代中国社会的客观条件下，一切私有制和私有财产，构建以"两"为单位的自给自足的自然经济体系，使商品经济无法立足，以行政手段支配经济生活，是有悖于经济与社会发展趋向的。

《天朝田亩制度》的构想建立在平均土地的基础上，把正在分解的农业和手工业重新结合，强化小农经济，使其规范化和持久化。而它所设计的那种无差别、低下、划一和军营式的生活模式，则完全脱离实际。加上当时社会动荡和战争频繁,平均土地是无法实现的。《天朝田亩制度》不仅没有任何材料表明曾经实施,甚至未被认真广泛宣传过。太平军占领的广大地区,基本上照旧交租纳税,地主与农民间的租佃关系也没有真正改变。农民没有分到土地,不少地方连抗租的要求都没能达到。同样,太平天国管理城市的政策也违反现实生活的需要和经济与社会发展的客观规律,引起群众极大不满,终因群众抵制而恢复家庭生活和商业活动,使城市生活逐步回复正常。

废除封建地主阶级的土地所有制,是近代民主革命一项极为重要而又艰巨的任务。太平天国否定商品经济,消灭一切私有制,则是违反经济发展规律的,只能是一种空想。虽然它包含着一定程度的反封建意义,并且留下了后继者应当记取的经验与教训。

事实上,随着天国政权的建立,洪秀全等领导人的思想和行为逐渐趋于保守和封建化。他们承袭封建等级制度和世袭制,成为特权阶级。他们广纳妻妾,大兴土木,鼓吹三纲五常,把封建礼教几乎原封不动地保存下来。这一切都表明,太平天国农民战争在理论上的匮乏和软弱。由于农民阶级自身的局限性,他们不可能挣脱封建思想的禁锢,最终难以逾越封建主义的局囿。因此,他们未能对近代中国的先进社会思潮的发展起到真正重大的推进作用。

迄于太平天国后期,洪仁玕提出了《资政新篇》,它与《天朝田亩制度》有本质的差别,明显具有资本主义性质。意味深长的是,中国第一个涵有发展资本主义倾向的方案，却是由一位农民领袖提出。

这并非偶然。因为近代中国已经萌生着资本主义。早在明朝中叶，资本主义萌芽在一些地区就已出现，经过200多年缓慢发展，虽不能改变封建经济结构，但也起了一定的分解作用。中国资本主义还在萌芽阶段就遭到封建主义的压制，到近代又受到资本主义——帝国主义的控制与阻抑。两重枷锁的桎梏，使中国民族资本失去了独立健康发展的可能。虽然，列强的侵略也在客观上为中国资本主义的发展提供了一定的条件。

洪仁玕青年时代曾在香港、上海居住，接触过外国传教士，有较多机会了解西方科学文化知识和社会政治学说，在当时是罕见的受到资本主义文明熏陶的人物。在太平天国后期，面对着严峻的形势，为了扭转逆境，洪仁玕认为太平天国亟需进行社会政治改革，必须向西方学习，奋发图强，才能与列强抗衡。《资政新篇》的主旨，就是要中国学习西方，在一定程度上发展资本主义以实现近代化。他以此为核心，在政治、经济、文化、外交等方面提出一系列具有较为明显的资本主义特色的改革方案。

首先，学习西方资本主义国家的经济制度。洪仁玕的改革方案重点是实现经济近代化，因此，就要仿效资本主义国家，实行新的社会经济政策。他认为发展资本主义经济，必须改革旧的封建主义的生产关系，建立资本主义雇佣劳动制度；学习西方国家的科学技术，建立和发展机器工业，实现生产近代化；大力兴办与发展生产有极大关联的交通运输业和银行业；鼓励自由贸易和自由竞争，保护商人的利益，等等。洪仁玕希望仿行某些西方资本主义经济制度，可以使中国赶超西方并把侵略者赶出中国。他这种信念的基点是爱国主义思想和巩固捍卫农民的天国政权。

值得注意的是，洪仁玕的思想较之前人有所发展。他不仅赞赏西方资本主义先进生产方式和经济制度，还推崇西方的民主政治制度。例如，魏源在希望学习西方器物文明时，亦曾笼统地称道过美国的联邦宪法和议会制，但并未表示仿行。而洪仁玕不仅要学习西方物质文明，还要从上层建筑方面进行变革，提出了一些初步仿行西方的设想，因此，他的纲领、方案具有一定的民主政治的性质。

洪仁玕为了维持天国政权，还提出淡化君主专权的改革意见。他建议洪秀全既要集中统一，又要适当分散权力，以避免封建专制的弊病，减少领导层的错误。他意识到应把舆论监督作为民主政治的重要基础，包括创办报纸、设立新闻官和检查意见箱，使下情可直达中央。这种反映民心公议的措施，多少体现了资产阶级民主精神。更为难得的是，洪仁玕还认识到法制的重要性。他认为治国必须有法制，应仿效英、美等国，建立法制，使中央集权与民心公议相结合，推进国家政体民主化。他还特别强调执法者要挑选刚直不阿、不畏权贵的人来担任，重视审判的法律程序等。这些，都是带有民主主义特色的。

洪仁玕极力主张破除旧的思想文化观念和建立新

文化，以服务于政治、经济体系的变革。在他看来，尤其要着重批判传统的本末观和义利观。在封建社会里，重农抑商，农本商末，妨碍了资本主义经济的发展。他主张振兴实业，发展交通运输、银行、采矿业、邮政等，同时，建议给工商业者所应有的地位。这些，都表明了他向传统陈旧观念的挑战和否定。一家外国报章评论《资政新篇》说："（它的）政治信条从头到尾都是对于中国的各种重要观念的彻底革命。"这句话当然有夸张、溢美之处，但也反映了洪仁玕思想的特色。

洪仁玕还对各种陈规陋俗和封建迷信进行批判，把反对封建神权、迷信和改革落后风俗同发展社会经济结合起来。要移风易俗和改变人们的陈旧观念，不能只靠法令解决，而应由领导层开始，上行下效以端正整个社会风气。洪仁玕颇有见地，认为改变人们落后的思想观念，归根结底还得通过发展教育，提高人们的科学文化才能实现。因此，他在《资政新篇》中大力提倡开设学馆，把这种举措作为树立新观念、新思想的根本途径。

此外，值得注意的是，过去的封建君主（包括一些农民领袖）往往把中国视为居于世界中央的天朝上国，非其他民族和国家所能比拟。因此，在对外关系上往往妄自尊大，甚至到鸦片战争时期迭遭败仗，仍是如此。甚至洪秀全也没有摆脱这种陈腐观念。洪仁玕对此却有独到的见解。他反对闭关自守，因为事实表明故步自封并不能抵挡侵略，反而阻碍中国学习外国的先进文明,以致落后。他主张与资本主义各国平等往来,相互进行正当贸易。同时坚持独立,不许外国干涉中国内政。此类真知灼见,使当时的反动文人也不得不承认,洪仁玕和《资政新篇》功劳,不在"圣人"之下。

综上所述,洪仁玕的《资政新篇》是近代中国第一个具有比较全面性的发展资本主义的纲领:在以暴力推翻清王朝反动统治的基础上,运用太平天国政权的力量,学习西方先进的制度和科学技术,改革中国的社会政治经济制度。当然,这一时期有冯桂芬于1860年写出的《校邠庐抗议》,是为变法改革的先声,以及容闳于1862年向太平天国领导人提出七条资本主义性质的改革方案。但他们的变法思想都不及洪仁玕的政治纲领的广度,即包括政治、经济、文教等社会各领域。尽管《资政新篇》因太平天国运动的失败和缺乏充分的社会土壤而付诸东流,但他的爱国热忱、立足现实、而又实现中西文化互补的精神,构成近代中国文化取向的主要文献,其历史作用和意义是值得肯定和重视的。

洪仁玕的《资政新篇》,代表了近代广东文化的开放、纳取走向,反映了广东人民在中国近代化过程中最先学习西方,探索救亡图存真理,力求建设一个近代化祖国的思想和实践。这在中国近代史上无疑具有不可磨灭的光辉。

《天朝田亩制度》着重于打破封建土地所有制的生产关系,《资政新篇》重点在于发展资本主义生产力和生产关系。前者企图在小农经济的基础上，废除一切私有制，实行绝对平均主义，实质上是一种农业社会主义空想，既违背社会历史发展的规律，也违背人民的意愿。《资政新篇》则打破小农经济的狭隘境界，主张保护私有财产，鼓励商品经济，建立以大机器工业为主的现代经济体系，用资本主义代替封建主义，显然，符合历史发展的趋向。当然，《资政新篇》也有局限性，主要体现在它漠视土地问题，没有满足农民渴望得到土地的要求，因而不能引起广大农民的共鸣。对帝国主义认识不足并抱有幻想，没有看清西方列强和太平天国是根本对立的。

洪仁玕的《资政新篇》虽存在不足和缺陷，但却代表了当时近代中国向西方学习的社会思潮中先进部分。洪仁玕的思想成为岭南文化和近代中国思想史中的重要环节，为近代中国思想史增添了新篇章。

3. 广东洋务思潮及其分化与发展

鸦片战争时期，广东已是资本主义萌芽和商品经济比较发达的地区。外国资本主义的入侵打断中国资本主义的正常发育，但客观上加速了自然经济的解体，为民族资本主义的产生提供了条件。一般来说，近代中国是先有洋务企业，然后才有民族工业。但广东的情况有所不同，民族工业早于洋务企业。这种情况的形成主要是因为洋务运动在广东推行较迟，经济势力弱，对民族资本的阻力较小，加以广东是著名侨乡，华侨最先投资于近代资本主义企业。所以,广东成为中国民族资本主义的最早诞生地。陈启源在广东南海创办的继昌隆缫丝厂,就是见诸史载的我国第一家民族资本主义工业。

19世纪60~90年代,世界主要资本主义国家开始向帝国主义阶段过渡,呈现出殖民掠夺的狂热,也加紧对中国的侵略。甲午战争后,帝国主义更是掀起瓜分共管中国的狂潮:德国把山东作为控制地区;俄国强占整个东北;英国占据长江流域地区;日本把福建占为己有。英法帝国主义又把魔爪伸向广东。此时国内农民起义和群众抗争如火如荼,清王朝已摇摇欲坠。洋务思潮就是统治阶级一部分官员与知识分子面对帝国主义侵略与农民战争的猛烈冲击,在不触动现存社会秩序的前提下,借取西方物质文明,以谋求清王朝"自强"和"求富"的思想和方案。

要应付内忧外患,统治集团内部出现了两大政治派别——洋务派和顽固派。他们对内一致,认为必须全力镇压人民起义。但在如何对待侵略者的问题上,两派存在分歧。顽固派妄自尊大,不承认西方有任何值得学习的东西,闭目塞听,认为"自强"、"求富"之道在传统的儒家经典中,几乎不允许任何变革。他们是封建阶级中最腐朽没落的代表。洋务派则希望学习西方的坚船利炮,既可镇压农民起义,又可抵御外侮,从而,维护清王朝的统治。洋务派的主要代表人物是奕䜣、曾国藩、左宗棠、李鸿章等。此外,在这一时期还有一部分关心时局的知识分子,他们痛心于民族危机的日益深重,比较关心人民的疾苦,不满清政府的腐败统治,同时对西方资本主义有切身体会和一定了解,接受了资产阶级文化的影响,要求改革现状。他们曾经热衷于洋务,又逐渐分化发展,成为早期维新思想的代表。著名代表人物有冯桂芬、王韬、马建忠、薛福成、郑观应等。与洋务思潮相比较,广州地区的维新思潮更为重要得多。

广东早期维新思潮代表郑观应、容闳、何启、胡礼垣等,以"富强救国"为核心,提出了救亡和变革方案。

郑观应(1842~1922),广东香山人。1858年到上海英商宝顺洋行、太古轮船公司当买办,后独立经营贸易,投资轮船公司。1880年后由李鸿章委任为上海机器织布局总办、轮船招商局帮办和总办、上海电报局总办。著有《易言》、《盛世危言》等,反映了早期维新思想从幼稚到成熟、从感性到理性的发展过程。

容闳(1828~1912),广东香山县南屏镇人。近代著名爱国学者。1854年毕业于美国耶鲁大学,是中国最早的留美学生之一。回国后,先后在美国公使馆、香港高等审判厅、上海海关、宝顺洋行任职。1860年他曾到太平天国首都天京,向洪仁玕提出7项改革建议。主要著作有《西学东渐记》。

何启(1859~1914),广东南海人。毕业于香港中央书院。1872年留学英国,后在香港从事律师业务,1890年任香港立法局华人议员。1895年,应香港兴中会邀请参加了策划广州起义的秘密会议,负责草拟起义对外宣言，并撰写文章从舆论上扩大孙中山的革命活动的影响。

胡礼垣（1847～1916），广东三水人。出身香港买办商人家庭。毕业于香港中央书院。曾留校任教，后办《粤报》，曾任中国驻日本神户的代理领事，一向和何启交好。他们都是鼓吹维新的爱国思想家，两人合著《新政真诠》。

从他们的经历中，可以看到大都曾与洋务派大吏有着较为密切的关系。但是，在实际参加洋务活动中，对封建官僚把持洋务企业渐渐产生不满，与他们间的认识越来越参差。加以他们是热心西学东渐的一代新知识分子，直接受西学熏陶，因而对封建主义产生了一定的离心力。由于民族危机的强烈刺激，他们积极探索救国方案。而随着对西方事物认识的加深，他们日益感觉到，那种企图把西方物质文明强行嫁接在封建专制制度的朽木上以求富强的"中体西用"的理论，对时局并没有起到多少良好作用。洋务运动不可能使殖民主义与封建主义双重枷锁下的中国"强而富"，中国在中法战争中"不败"而败的结局，更使清朝政府的庸懦和洋务运动的腐败暴露无遗。早期维新思想家提出了变法要求，他们要求发展资本主义，改变封建主义的社会政治体制，使"士绅"阶层得以参与议政。

政治上，他们主张改革中国政体，反对封建专制，实行君主立宪政体。洋务派曾提出"借法自强"，即学习西方器物文明以巩固封建统治。随着列强侵略的加剧，是练兵制器为本，还是改革政治为本，两种主张的矛盾尖锐起来。洋务派中的大官僚们由于自身所处地位的原因，即使感到有政治改革的必要，也坚持反动的立场，不肯进行改革。早期维新派代表人物则是洋务派中社会地位较低、与西方文化接触较多的一些知识分子，他们较少思想束缚，热衷学习西方政治制度，洋务派则坚持按清政府划定的范围改革，于是早期维新思想与洋务思想开始分道扬镳。

1875年，郑观应在其著作《易言》中首先介绍了西方社会制度。他是这样描述的：凡有国家大事，先由下议院议定，然后再反映到上议院，上议院议定的禀告君主。他认为这种制度很完美，可使上下情通，国家便长治久安。因此，郑观应等提倡实行"君民共主"的君主立宪制度。早期维新派抨击时弊提出：在封建专制制度，官吏欺上瞒下，民怨无法上达，造成君民隔阂。要改变这种局面，只有开设议院，选举来自民间的议员，下情得以上达，打破君民隔阂。早期维新思想指斥了封建政治的罪恶，但不敢直接非议君主制度，特别是皇帝本人。他们只想通过政治变革来改变现状，没有达到推翻封建君主专制的要求高度。

如果在中法战争前，人们对洋务存在幻想，以为中国军队有了新的装备，就可以抵抗侵略。但战争的屈辱结局使民族危机更为严重，洋务被证明无济于事。有远见的中国人认识到洋枪洋炮、机器生产等西方物质文明，只是表面的东西，国家强盛的根本不在这里，而是要有良好的社会制度。欧洲各国土地、人口较少，却能横行天下，这是因为他们上下一心，君民共治。

只有学习西方议会制和"立宪",才能挽救当前的民族危机和社会危机。

早期维新派对"君民共主"的议会制提出许多设想。何启、胡礼垣主张效法英国议会制度,议员分别由秀才、举人、进士中选举产生并规定任期。凡地方兴革,官吏必须与议员协商,如有意见分歧,由议会表决而服从多数。君主虽掌军国大政之权,但必须听取议员的意见。

可见,在早期维新人士所提倡的议会制中,皇权仍是至高无上,不可侵犯。这种议会与西方不同,并非独立的立法机构,没有不受侵犯的权力。它只是在上达民意给皇帝的渠道,为君主提供参考意见,使皇帝能更好行使权力。显然,议会不是与君主对立的机构,反而是对君主专制的补充和完善,民主的内涵颇为微弱。至于"君民共主"的"民"并不是指广大劳动人民,而是指拥有产业、具有文化的新旧士绅。但是,早期维新派所设计的议院制,却是对封建君权的限制。它的思想理论依据已不是传统的民本思想,而是引进西方的资产阶级民主思想。其主旨在于促进政治民主化,以发展中国资本主义。在这点上,与维护腐朽没落的封建专制主义的洋务派有本质区别。

在经济方面,早期维新思想家代表新兴资产阶级的利益,主张民办企业、发展资本主义,反对洋务派的"官督商办"。郑观应看到资本主义的工业文明与封建中国的农业文明有极大不同,前者重商,后者重农。中国一向重农抑商,商品经济很不发达,因而以农立国不能与以商立国相抗衡。只有振兴商务，主动参与世界经济竞争，以商抵商，才能闯出新天地。郑观应把这一观点称为"商战"，认为商战比兵战更有效。洋务派的求富思想与早期维新派大体一致，但双方侧重不同。洋务派着眼维护现存社会秩序，而不是在于民生。这样，洋务派存在"重官"和"重商"的区别。洋务派办企业，"官"方资本有限，只好吸收商股；"商"即投资近代企业的实业家，他们办企业希望官方扶持，于是出现"官督商办"企业。郑观应曾设想这是发展近代企业的捷径，但事实出乎意料，官方以保护为名，诸多索求，如不遂意，"商"更要蒙受损失。商办企业成了官府的俎上之肉。这种"官"与"商"的矛盾实质，是封建政治与资本主义生产方式的矛盾。因此，早期维新派要求摆脱官方束缚，企业按经济规律严格管理以追求利润。

此外，早期维新派还把中国近代工商业的发展置于救亡图存的战略地位。他们认为只有增加出口，才对国家有利。同时，揭露和抨击帝国主义的侵略行径，但并不敢坚决反对列强，因为他们办企业所需的技术、设备、资金等方面，大都不能不依赖外国资本。他们幻想通过修改不平等条约，使中国以平等地位与西方资本主义国家进行贸易，开展商战。早期维新派反对帝国主义侵略的力度，显然极为有限。

郑观应等站在新兴资产阶级的立场上，要求政府成立专门机构管理和保护工商业及商人利益，并由国家倡导提出工商业和商人的地位，把发展工商业上升为基本国策。他们提出一系列措施,要求政府以行政手段实施和改革。由于他们本身与洋务官僚关系密切,对清廷抱有幻想,因此,他们在为民族资产阶级利益呼吁时,往往采取保守态度,认同现存社会秩序,而不是激烈的斗争方式。他们的软弱性,反映民族资产阶级脱胎于封建营垒中,尚未达到成熟程度,没有认清封建制度是不可救药的,民主政治才是发展资本主义的杠杆。

此外,早期维新派积极提倡西学、振兴教育,把兴办学校看作造就人才、治理天下的根本。

军事上,早期维新派与洋务派官僚也存在很大不同。洋务派对内要无情地镇压广大劳动人民的反抗,对外委屈求和,防内患甚于外患。这实际就是在西方资本主义强大武力下妥协投降。早期维新派思想家则不同。他们认为防外侮应更重于防内患,要加强国防建设,培养优秀人才,积极发展工商业,建立一支近代化的陆军和海军。

早期维新思想,可以视为中国有识之士在向西方学习、探索救国真理的道路上迈出了重要的一步:由最早学习西方器物文明,发展到要求在政治领域实行改革。显然,这是近代中国社会思潮与运动的一个重大进步。尽管他们的主张存在着局限:不曾触及封建土地制度,维护传统封建道德和伦理观念;活动也主要停留在理论和思想宣传上,而且对西方资本主义和中国封建王朝抱有不切实际的幻想。但是,它的进步意义是不可抹杀的。他们主张向西方学习,改革社会政治、经济和文化,实现富国强兵,无疑具有积极作用,能够激发人们救亡图存的爱国热忱,并推动社会改革。其中尤以郑观应的思想影响更大,他的著作《盛世危言》对后继者起了很大的启示作用。

早期维新思想是岭南近代启蒙思想运动的发端,对近代中国民主革命运动的进程起了一定的继往开来的作用,它造就了一批以振兴中华为己任并具有变革思想的精英,后来的康有为、梁启超乃至孙中山等都受到他们思想的深刻影响。他们的思想和活动的历史地位,应当给予充分肯定。

戊戌维新思想

19世纪60年代以来,一些人们曾把开展以"练兵制器"、"自强求富"为内容的洋务运动视为救国救民的途径。然而,1894~1895年中日战争以中国的惨败而告终。中国被迫签订了丧权辱国的《马关条约》,使帝国主义的侵华进入新阶段。巨额赔款使清政府财政陷于破产;大量向中国输入资本,冲击中国稚嫩的民族工业;争夺铁路的修筑权、借款权和经营权;掀起对中国领土的瓜分狂潮。中华民族面临着空前的民族危机,中国人民陷入水深火热之中。

剧变的、严峻的形势在社会思想领域中反映出来。民族危机日益严重,经历30年的洋务运动的彻底破产,促使人们进行探讨和反思,探索新的出路。康有为、梁启超等肯定了学习西方器物文明的必要,但又一针见血地指出洋务运动所以成效甚微,就是因为他们没有"大变"、"全变",没有触动封建专制制度。康有为做了一个生动的比喻:清王朝像一座快坍的千年老屋,李鸿章、张之洞等洋务派只会塞洞补漏,结果无济于事,除了重新构建一座新屋外,别无他法。洋务运动破产的教训,促进了维新思想的大发展。在康有为,梁启超等推动下,维新思潮运动风起云涌。

康有为(1858~1927),广东南海县北银塘乡苏村人。从小接受封建传统教育,又受到广东人民反侵略、早期维新思想和西学的影响。1879年,他到香港、上海游历,目睹资本主义物质文明,开始阅读一些介绍西方社会政治制度和自然科学的书籍。从此,他在相当程度上接受了西方文化和思维方式,主张学习西方社会制度和改革国家现状,使祖国臻于富强。维新变法思想由此形成。

1891年,康有为在广州创设著名的"万木草堂",收徒讲学,培养维新变法人才和研究维新变法理论。教学内容兼有孔学、理学、史学和西学,还有音乐和体育。教学方法也生动活泼,完全不同于旧式书院。梁启超、徐勤等维新运动骨干分子,大都是万木草堂的弟子。在万木草堂授徒期间,康有为还完成了《新学伪经考》、《孔子改制考》这两部著作,为变法维新提供了理论基础和历史依据,奠定了康有为作为维新思想集大成者的历史地位。

在《孔子改制考》中,康有为把孔子打扮成"托古改制"的祖师爷,认为孔子为了变革当时社会制度,把自己的政治观点假托古代圣王的言论,而创作了儒家尊奉的"六经"。他将自己的变法主张,说成是继承和发扬孔子改制的思想。显然,他是想用孔子的威力来抵制封建顽固势力对维新变法的阻挠和压力。

1895年,康有为在北京应试时,听到签订《马关条约》消息,发起了"公车上书",提出变法的系统主张,在社会上引起巨大反响。他又在北京创办《中外纪闻》和组织强学会,大造变法维新的舆论。康有为维新思想体系,是以资产阶级进化论和自然人性论为基点。他接受西方自然科学的理论,如哥白尼的日心说、牛顿力学和康德星云论,逐渐形成包含自然辩证论因素的宇宙发展观。他承认存在着对立统一,并以此阐述事物的运动变化。由于康有为对西方自然科学仅是一知半解,以此为基础建立起来的自然观体系难免粗糙乃至错误。但是,重要的是他不像顽固派那样蔑视西方自然科学,而是打破蒙昧主义,积极地把它吸收到自己的哲学体系中。

康有为创造性地用西方进化论附会公羊三世说,形成独特的历史观。公羊三世说,是中国古代历史进化观念,认为历史发展要经过"乱世、升平、太平"三个历程。为配合资产阶级政治变革的要求,他赋予了三世说以新内容:封建君主制度是"据乱世",君主立宪制是"升平世",民主共和制为"太平世"。虽然康有为的这种划分并不科学,但他承认历史是向前发展的,中国社会也不例外,封建制度必然向民主共和制过渡。这种观念直接冲击"天不变,道亦不变"的保守思想，为维新运动提供理论根据。康有为的新"三世说"宣扬历史进化论，比复古倒退的反动历史观是一个巨大进步，但他所宣扬的是庸俗进化论，强调社会历史发展不能突变、骤变，而要循序渐进，就是反对以暴力革命进行社会改革。他的思想在后来资产阶级民主革命浪潮高涨时期，就站在了革命理论的对立面。

为了进一步提供变法维新、建立君主立宪制的理论根据，康有为提出了具有资产阶级性质的民权观，实质上，即是自然人性论。他认为人欲即人性，肯定人们去苦求乐争取个性的自由和个人权利的合理性。在他看来，违背"人欲"的"道"是行不通的。这种观念与在封建社会后期思想领域中居于主导地位的程朱理学不同，而与程朱理学所提倡的"存天理，灭人欲"的禁欲主义唱反调。康有为还提出人性平等，借用了西方卢梭的天赋人权论，强调自由、平等的权利是天赋的，人们只要自立进取都可以成为圣人。康有为的思想反映了中国新兴资产阶级渴望参政和与地主阶级分享政治权力的意愿，也为兴民权、设议院和建立君主立宪制直接提供了理论根据。

在戊戌维新时期，康有为更为系统地提出了他的政治主张，学习西方和日本，实行自上而下的变法维新，使资产阶级加入统治阶级，建立君主立宪的地主、资产阶级联合政权，发展资本主义。他提出的具体改革方案，基本内容如下：

设制度局，实行三权分立。早在"公车上书"时，康有为就提出了开设议院的主张。但在实际活动中，维新派深感顽固势力十分强大，而自身的力量很小，设议院很可能被顽固派把持。后来光绪帝召见康有为并倾向维新，维新派地位开始发生变化。康有为等认为可以利用君权实行自上而下的变法，于是提出开设制度局。制度局主要职能是议决政事和制定宪法，相当于西方的立法机构。制度局成员由皇帝选定，不受资历出身限制，与君王共同议政，总揽新政大权。如果实现这一构想，维新派可利用君权的威力掌握实权。正是在这种意义上，康有为把开制度局看作变法维新的核心内容。他认为日本变法能够成功，关键就在于开设制度局。

发展资本主义，以达到富国养民。康有为等维新志士代表了资产阶级的利益，在百日维新运动中把发展资本主义作为目标。他提出"富国"、"养民"和"教民"之法。康有为颇有预见地指出富国应当把科技放在重要地位，以便"智民富国"。他把中西国家加以对比，认为中国社会轻视科学，知识分子把精力投到八股举业上，结果国家难以强盛。而西方则反之，重视科技。为此，他主张普及教育，采用新式教育培养人才，改变人们的陈旧观念，从传统社会政治文化束缚中解放出来，以利于发展资本主义。

学习日本明治维新，以自上而下的方式进行改革。康有为反对暴力革命的道路，主张向日本、俄国那样通过自上而下的逐步改革，先建立君主立宪政体，然后逐步发展资本主义。日本在明治维新仅经过30年变法改革，达到发展资本主义的富国强兵目标，因而，在甲午战争中一举打败老大腐朽的清帝国。正是以这种救亡雪耻的强烈爱国主义思想为基础，康有为决心学习国情比较类似中国的日本。然而，由于这个时期的中国资产阶级尚未形成，能接受资本主义思维方式的人为数极少，变法维新缺乏必要的社会阶级基础。因此，康有为等幻想借助光绪皇帝发号施令，便可减少阻力，容易实施变法。事实证明这是行不通的。

此外，康有为于1885年开始撰写《人类公理》一书，阐述他早期大同思想。后来维新运动失败，他有机会亲睹西方资本主义社会危机，接触了西方空想社会主义，经过修改充实，于1902年写成《大同书》。书中着力揭示人类社会的种种苦难，指出这些苦难的根源是由于存在"九界"，如国界、级界、种界等。摆脱苦难的唯一办法是消灭"九界"。康有为以丰富的想象力设计了破除"九界"的方案，勾画了人类未来大同社会的蓝图：废除私有财产，建立公有财产；实行计划经济和按劳分配；消灭阶级，人人平等；推行民主政治；物质文明与精神文明高度发达等等。

康有为的大同思想既内涵着对封建社会的揭露和批判，又对未来新社会作了大胆的构想。然而，在19世纪末中国处在半殖民地半封建社会，资本主义发展还不成熟，社会趋势只能是资本主义化，而不是社会主义。康有为的理想超越了历史发展阶段，显然只能是乌托邦式的空想。他的大同世界是要普渡众生于一片苦海中，但却没有找到创造新世界的道路。这样，大同理想就难免沦为失去社会基础的空中楼阁。事实上，大同思想缺乏充分的科学根据，不过是把公羊三世说、佛教和西方庸俗进化论和天赋人权论等糅合和发挥。但是，康有为用资本主义社会政治学说，尤其是天赋人权论为武器，直接、全面地批判了封建专制、宗法制及伦理道德诸方面，积极对待近代工业和商业的发展，以强烈的爱国热情和批判精神，用新观念启迪人们。显然，他创造性地融合古今中外的思潮而形成独具进步意义和鲜明特色的文化大观。康有为的思想虽然诞生于粤东，但影响了神州大地，在近代中国具有重要地位和作用，毛泽东把康有为视作中国共产党出世前向西方寻找真理的主要代表人物是完全符合实际的。

维新派的另一重要代表人物是梁启超。他是广东新会人，自幼受传统文化熏陶，年仅12岁就中秀才，被誉为神童。1891年，他拜康有为为师并成为康有为理论与实践活动的得力助手。戊戌变法失败后，他撰写了《新民说》一书以概述近代启蒙思想运动的新潮流。梁启超一生著述甚丰，在哲学、史学、文学、经济学各方面都有建树，影响广泛，无愧为近代中国一代文化巨人。

在戊戌政变前，梁启超的民权思想基本与康有为相同：赞同君主立宪、开设议院、设立学校、开化民智。变法失败后，梁启超根据从西方引入的资产阶级政治学说，提出了许多新概念，为其民权思想提出了新内容。

首先,他提出"国民"概念,批判奴性思想。国民,是指立宪国家享有民主权利的人民。梁启超认为几千年的封建君主专制下的国家只是帝王一家的私有财产,完全没有民权可言,因而中国只有奴隶,没有国民。因之中国根本谈不上是国家,只有朝廷而已,朝廷是一姓私业。他进而提出国民应该是国家的主人,应当掌握国家主权,至于君、官都不过是国民的"公奴仆"。国民要有自主、自立、自治的精神和能力,克服被奴役和奴隶性而成为有"特质"的国民。

其次,国民应树立权利与义务观念。在封建专制统治下,人们没有任何权利。在宣传民权思想时,梁启超特别注重权利、义务问题。他尖锐指出,任何权利都是凭借暴力实现的,人们要得到权利,必须有权利思想。没有权利思想,其权利被侵犯也不会感到痛苦,中国人最大的弱点就在于此。要使权利扎根在中国人心中,就要人人都有"不肯损一毫"的精神。提倡这种精神,人人皆维护自己的权利,于国于家的主权分毫不让,权利思想就可以推广。同时,要保障个人权利还要靠法律。有权利思想的人们,最重要是争取有立法权,而立法权往往要经过暴力才能取得,不能全靠统治者施仁政。建立新法律必将损害在旧法律中持特权的部分人们的利益,所以只能从"血风肉雨中熏浴"出来。梁启超把权利思想看得很重,认为它对国家的安危有极大影响。他把国家比喻为一棵树,权利论是树根。树没有根,最终是要枯萎的。他还强调人们享有了权利,也应有应尽的义务。权利与义务不能脱离，任何人要享受权利就要向社会尽义务，只教育国民权利思想而不讲究义务思想，那么人们只知索取而不思给予，自由、民权就不能实现。

梁启超的民权思想从早期行立宪、兴绅权、开民智发展到讲求人民主权、国民的权利和义务，否定封建专制主义，充分体现了他反对封建主义的精神越来越深化，鲜明显示出资产阶级民主性质越来越强烈。他的民权思想对后人——尤其是五四时期知识分子的影响极大，在一定意义上成为新文化运动的先声。

梁启超不仅用民权思想反对封建主义，还用自由学说作武器批判奴隶性思想。他极力赞美自由是破除国民的奴隶性的利器，封建专制主义是造成国民奴性的根源：中国封建社会延绵数千年来，政治中服从一王之制，思想文化上独尊孔儒，使封建君主如对奴隶一样地役使人民，如防盗贼一样防范国民；国民也以盗贼自居，久而久之思想消沉，缺乏活力，于是政治上不敢反抗，思想无法进步创新，形成了中国人极深重的奴隶性。

他提出以"破坏"来医治奴隶性顽症。先要破坏几千年横暴混浊的政体，把它粉碎。他十分正确地指出，"破坏"方法有两种，一种是日本式的变法维新，一种是像法国那样的暴力革命。中国如果不能用和平手段变法，就应实行流血革命，推翻封建制度，实现民主共和。他曾一度赞成"革命、排满、共和"，与资产阶级革命民主派的言论几乎是一致的。其实，要破除孔教在思想文化领域的束缚。他认为儒学是几千年来腐败柔媚学说，深刻揭示了儒家学说为专制统治服务的反动一面。他反对把孔子视为教主，也反对利用孔教的比附、托古法。梁启超认为这种办法十分保守，只能使思想界的奴性更严重，这个病根不拔除，思想界就没有自由可言。

梁启超把人的自由分为人身自由和精神自由。没有人身自由，可以通过斗争或其他方式去争取。但没有精神自由，就难以借助外力实现自由。因而，精神上的自由更为重要，梁启超称缺乏精神自由为"心奴"，即思想、精神上无法摆脱束缚。"心奴"有独尊孔子、为世俗所困扰、听从命运安排和被情欲困扰等表现，要摆脱"心奴"就要有自主、自强、自尊的精神。真正做到解放思想，关键在于敢于以"公理"去衡量一切事物，善于独立思考，深入探索，决不盲从，这才是真正的精神自由。只有让理性自由活动，真理才能源源不断地涌现出来。

梁启超的《新民论》包罗了一系列理论，而他的民权思想与自由学说则是对封建专制主义的有力批判和尖锐挑战。他的思想启蒙作用是重大的，对处于愚昧状态的中国人尤其是青年知识分子宛如晨钟，催人警醒，发人深思。梁启超宣扬"新民"，借此疗救中华民族积贫积弱的病症，冀望国民能够自由思想，具有独立人格，享受真正民权，有着强烈的爱国主义情操和反对封建蒙昧主义的革命精神。由此，导致许多人走上追求民主、自由的革命道路。《新民说》堪称中国近代的《人权宣言》。

维新思潮以前的种种社会改革思想，除农民的朴素革命意识外，大都是站在地主统治阶级的立场上，通过学习一些西方物质文明，或纸上谈兵式地涉及西方制度文明，以维护清王朝统治为出发点，进行浅陋的社会改革。这些改革思想或归于失败，或流于空想，却都表明了一个道理：企图把西方器物文明的枝条强行嫁接在中国腐朽封建制度的主干上是行不通的。维新思想突破了这种局限性颇大的思想，明确提出了建立君主立宪制度，并且付诸行动，希望用自上而下的方式改变中国传统的封建君主专制，结果也是注定要以悲剧告终的。但它的失败留下了深刻的教训，使许多爱国和要求变革的人们认识到必须改弦易辙，和平手段既然不能推翻封建专制制度，那就只能用暴力革命去粉碎旧的国家机器，开创光辉的未来。维新思想把民主与自由的概念带给人们，对后继者以深刻的启示是不可低估的。

资产阶级民主革命思想

随着爱国主义与变革思想的日益广泛深入，资产阶级民主革命思想萌生和发展起来。而最杰出的代表，则是伟大的爱国主义者和民主革命先行者孙中山。孙中山为中国的独立、民主和富强而奋斗终生。在旧民主主义革命时期，他结束了准备阶段而使之入于正规阶段：提出了具有比较完全意义的民主革命纲领，领导中国人民推翻封建帝制，建立共和国。当中国革命进入新民主主义革命时期后,孙中山接受了中国共产党和国际无产阶级的帮助,对三民主义重新作了解释,确立了联俄、联共、扶助农工的三大政策,使之获得了新的历史特点。孙中山的思想达到空前的高度。他建树了不可磨灭的功绩。

孙中山(1866~1925),出生于广东省香山县(今中山市)翠亨村一个贫农家庭。曾在村塾读书,自小参加劳动。外国资本主义势力的侵略与封建统治者的压榨,使人民斗争风起云涌。林则徐在鸦片战争时期在香山留下足迹。太平天国农民起义的事迹给幼年的孙中山留下深刻印象。他的哥哥外出谋生,成为檀香山的华侨资本家。孙中山13岁前往檀香山,在当地美、英教会学校里接受欧洲式的教育。17岁返乡后,又到香港读书。就在这一年(1884)中法战争爆发了,中华民族面临日益深重的危机。清政府的腐败无能使人民的反抗更为强烈,要求社会改革和向西方学习的呼声更高。孙中山后来回忆说,正是中法战争使他萌生了革命志向。

1886年后的6年中,孙中山在广州、香港学习医学,进一步接触了西方自然科学和社会政治学说,进化论和法国18世纪资产阶级革命的历史给他以深远的影响。他与著名的早期维新派人士何启、郑观应等交往密切,并常和同学陈少白等抨击时政及探求改革社会的道路。他们大胆提出"勿敬朝廷"的口号,由于言辞激烈被谑称为"四大寇"。1894年,他北行上书李鸿章,主张效法西方以使中国近代化,在当时具有进步意义。然而上书毫无结果。这给积极要求社会变革的孙中山以很大刺激,促发他思想中的革命因素,使他明白用和平手段是难以达到社会真正变革的目的。甲午战争期间,他到檀香山华侨中进行宣传鼓动。1894年11月,最早的中国资产阶级革命民主派的小团体——兴中会诞生了。兴中会提出了"驱除鞑虏,恢复中国,创立合众政府"的斗争纲领,可见反清的革命目的和采取暴力革命手段已十分明确。在近代中国民主革命过程中首次出现的资产阶级共和国方案虽是雏形,但有着划时代的意义——标志比较正规的民主革命的开始。1895年,香港兴中会总机关亦成立。孙中山旋即发动了第一次广州起义,因事先泄密而流产。他被迫流亡异国,在伦敦被难前后潜心研读西方各派学说,考察社会实际,探求救国真理,既看到资本主义的先进方面,也发现它的内在矛盾和危机。民主主义由此产生,初步形成了三民主义。他立志要建立一个比西方更优越的民主共和国。

20世纪初,新式知识分子群的大量出现,使民主革命思想的广泛传播,具有更坚实的社会基础。义和团运动被镇压和《辛丑条约》的签订,给中国人民带来空前的耻辱与灾难。中国完全陷入半殖民地半封建社会的深渊,民族矛盾、社会矛盾激化。这些,促进了孙中山思想的发展和成熟。1903年,孙中山在檀香山建立中华革命军,将兴中会誓词修订为"驱除鞑虏,恢复中华,创立民国,平均地权"。1905年中国同盟会成立,以三民主义为政纲,并作了进一步阐发,成为具有比较完全意义的民主主义革命纲领。同盟会成为统一的、全国性的革命组织，把民主革命推进到一个新阶段。至此，孙中山的民主革命思想正式形成。他把自己的思想概括为民族、民权、民生三大主义，并在后来的实践中不断丰富和发展。

民族主义是孙中山和他所领导的资产阶级革命民主派首揭的战斗旗帜。自鸦片战争以来，中国逐步沦为半殖民地半封建社会，中国成为西方列强角逐的牺牲品。在错综复杂的矛盾中，民族矛盾占有特别突出的地位。帝国主义和中华民族的矛盾，构成近代中国社会基本的、主要的矛盾。在近代中国，满洲贵族统治集团的暴政也造成了它同汉族及其他少数民族的矛盾。两种矛盾纵横交错，相互纠结。帝国主义的侵略，严重阻碍中国近代社会的发展。民族解放成为争取中国独立、民主和富强的首要前提。民族问题吸引了近代中国一切先进人物的目光，民族解放成为中国近代民主革命的一项主要任务。从三元里抗英斗争到太平天国农民起义，以迄义和团爱国运动，都沉重地打击了西方侵略者和反动统治者，但却无法脱离种族主义和笼统排外主义倾向，历史的、阶级的局限性妨碍了他们完成民族解放的艰巨任务。维新派把变法运动推向高峰，具有强烈的爱国救亡色彩。它唤醒人们的民族意识，但却对某些帝国主义存在幻想，甚至企图联合英、日等帝国主义。对清王朝统治者也采取妥协态度，没有认清它既是西方列强在华统治的社会支柱，又是国内民族牢狱的造成者。维新派的阶级调和论在最大限度上决定了他们的民族妥协政策，因此，他们不能肩负民族解放的重任。

作为前者的继承和发展，孙中山的民族主义具有崭新的内容和形式。他继承了广泛存在于农民阶级和社会下层人民中间的民族思想，淘汰了笼统的排外主义和落后的宗法色彩，因袭了把民族独立问题与国家资本主义化密切联系的维新派观点，抛弃了其中的妥协主义，更具重要意义的是，孙中山在铸造民族斗争纲领时，"竭力从欧美吸收解放思想"。他称赞法国18世纪资产阶级民主革命的自由口号，摄取其深刻内涵。他又把林肯的"民有"观念和自己的民族独立意识等同起来。十分明显，民族主义理论构成了孙中山民族解放斗争纲领——民族主义的主要来源和内容。

在旧民主主义革命时期，孙中山所倡导的民族主义基本内容如下：用革命手段推翻以满洲贵族为首的清朝政府，挽救民族危亡，建立独立的"民族的国家"。而在辛亥革命前，"反满"是民族主义的重要内容和中心口号。反满是孙中山最初的革命意识的主要部分。早在兴中会成立时，孙中山在宣言中把"驱除鞑虏"作为会员誓词。在同盟会成立宣言中，再次重申"反满"问题：驱除鞑虏，要推翻这个万恶的政府；恢复中华，中国是中国人的中国，应光复汉族人的国家。反满成为当时民族主义的中心是可以理解的，因为满洲贵族统治集团所奉行的民族压迫造成它与汉族和其他少数民族的矛盾；另一方面，这个反动的统治集团成为帝国主义在华殖民掠夺政策的社会支柱:既以自身的腐朽统治造成社会的落后状况为帝国主义奴役中国提供了可能性;又甘愿充当侵略者的"奴隶总管"角色。所以,在这种历史条件下,任何具有进步性的社会运动都不能不触动清政府,粉碎以满洲贵族为首的统治也就意味着有力地打击了帝国主义。推翻对外丧权辱国,对内实行民族压迫政策的清王朝,赋予了民族运动以直接的现实性和极大的动员意义。

避免列强的"瓜分""共管"厄运,争取民族独立,是民族主义的另一基本内容。与"反满"课题相比,这个课题无论在内容和形式上都未获得充分表现。但是,它仍为构成民族主义的要旨。像近代中国许多进步人士一样,孙中山也是在民族危机空前严重的阶段展开自己的革命生涯。而这种严峻的形势,在孙中山毕生奋斗的岁月中从未有所缓和。因此,现实就不能不赋予孙中山的理论和实践以强烈的救亡性质。孙中山关于民族主义的论述中,多次阐发改变备受欺凌的民族处境。在《民报发刊词》中,孙中山把列强侵略与清朝统治并列为民族独立、自由不可延缓的两大原因,还提出了挽救危亡和争取民族独立的方案。但孙中山对帝国主义认识不足,未能深刻理解它的殖民掠夺是其本性的必然表现,而把民族危机的形成,在很大程度上归结为中国制度的腐朽。因此,把争取民族独立斗争单纯地归纳为推翻清朝政府。把反帝的中国民主革命首要任务纳入"反满"观念是不恰当的,后者的狭隘内涵不能包容前者的巨大内容。粉碎了清王朝，决不等于杜绝帝国主义的侵略。辛亥革命摧毁了清王朝，帝国主义侵略依然存在。孙中山也通过实践逐渐认识到民族危机并没有消失，而是日益严重。他主张废除列强在华特殊权益，收回各种主权和失地，以正义战争制止侵略战争。此外，孙中山还意识到中国的民族运动同世界——特别是亚洲被压迫民族的民族运动有密切关系，极有必要联合起来，共同反对侵略者。孙中山在解决国内民族问题时，辛亥革命前后以五族共和为基本原则。他反对一个民族对其他民族实行专制，主张实现各民族之间平等相处，任何民族不得享有特权，反满并不是杀尽满洲民族。封建帝制被推翻后，各民族将在统一的国家中共同处于政治上平等的地位。

　　作为民主主义政纲的组成部分，孙中山的民族主义带有历史的、阶级的局限性。首先，缺乏彻底的反帝内容，甚至对帝国主义抱有幻想和轻信，这是因为孙中山未能充分认识人民群众，特别是农民阶级的作用，对人民自发的反帝斗争缺乏正确估计，所以无法从民族解放斗争中发掘蕴藏于人民中的巨大潜力。面对强大的侵略者，他们幻想以不触动列强的在华权益作为换取侵略者不干涉的代价。同时，孙中山和许多先进人士一样，对帝国主义的认识停留在感性阶段，没有真正看清帝国主义是中国人民的头号敌人。其次，孙中山民族主义的另一重要缺陷是带有大汉族主义和种族主义色彩。他虽然承认各民族共同组成统一的国家，却把中国历史的发展几乎完全归结为汉族活动的结果,忽视了少数民族的贡献。"五族共和"只意味一般性的民族平等,没有制定贯彻真正的民族平等精神的政策。种族主义色彩则表现在把血缘作为一种依据,将华夏与鞑虏对立起来,前者优越,后者低劣。过分强调反满,必然妨碍人们正确认识中国近代社会的主要矛盾,淡化真正的民族敌人——外国侵略者。虽然孙中山的旧民族主义思想有局限性,但它作为那个时代民族斗争的旗帜,反映了人民要求民族解放的愿望,顺应了历史的趋向,把近代中国民族运动提到新的高度。

在中国近代民主革命过程中,人民群众的民主精神不断发展、高涨。伟大的革命先行者孙中山倡导的民权主义,无疑是这种民主主义思想的高峰。作为三民主义的核心,它成为民主革命更为正规阶段的主要标志。它以武装推翻清王朝,建立资产阶级共和国为基本内容。

孙中山在对资本主义国家作了更多的考察后,用资产阶级民主主义的准则全面批判封建专制政权,指出它造成民族压迫,侵犯公民的权利,压制人们的自由等,导致国家动乱和分裂,要之,使人民处于"黑暗"之中。孙中山对封建专制主义的批判有重大启蒙意义,剥夺了长期统治中国的帝王头上的光环。

以国民革命推翻封建暴政而建立共和国,是民权主义的主要内容,也是民权主义成为近代民主主义思想高峰的标志——既突破了农民阶级的皇权主义,又摒弃了维新派的保守观念。孙中山认为只有用革命的暴力才能摧毁封建暴政，建立共和国。事实证明，反动的清政府是不能自行进行真正的社会改革的。"创立民国"的主张，则为两千多年来的封建专制制度敲响了丧钟，在中国历史上具有划时代意义。地主阶级改革派思想上不可能突破君主制范畴，太平天国农民战争冲击了旧世界，却没能力建立新世界。早期维新派有"君民共主"的思想，要求实现君主立宪。他们的温和变革，也遭到残酷的镇压。孙中山正是在前人的思想基础上进行创新，吸收西方共和制的内容以重铸民权主义。他推崇美国式的共和制，认为它实现了真正的民权。当时，有一些人反对民主革命，认为中国必须先实行君主专制才能进入民主共和，实质上是为了向封建主义妥协。孙中山坚决主张民主共和，认为应当"取法乎上"，要摧毁封建制度，实现真正的共和。

为保证革命后能建立真正的"民国"，他提出"建国三序"理论，即建立完满的民国分三个时期：军法之治，由军政府总揽大权，扫清社会积弊；约法之治，各地实行地方自治，并通过人民选举的方式；宪法之治，组织国会，一切按宪法行事。孙中山认为这样可以防止军阀专制。他参照资本主义国家三权分立的原则，在行政权、立法权、司法权之外增设考选权和纠察权，以矫正西方社会政治的流弊。此外，他还提出了全民政治和权能区分等方案，作为政体的构想。

孙中山在旧民主主义革命时期所倡导的民权主义有重大积极意义，带有共和国要求的民主革命政纲在当时的历史条件下促进了社会政治思想领域中的划时代变革。在此以前,人们或者以为推翻清帝国的目的在于复兴汉族帝国;或者认为君主立宪可以挽救中国,而不必根本否定传统的封建专制制度。实践使先进的中国人抛弃这些主张,理解到共和国在当时是最先进的政治方案,而以革命手段推翻清帝国,则是必由之路。由是,人民群众从鸦片战争以来的自发反抗斗争转变为自觉的民主运动。因此,辛亥革命不仅结束了清王朝的统治,也意味着中国两千多年的封建帝制的崩溃。后来的任何复辟帝制的行为,都只是短暂的历史丑剧。当然,民权主义不可避免带有历史的局限性。首先,它没有包涵深刻的、明确的反封建内容。孙中山主要着眼于封建帝制,认为推翻它就可以实现民权主义,未能把斗争引向纵深,没有理解宗法封建性的土豪劣绅和不法地主阶级是封建统治的基础,致使民权主义难以科学概括民主革命的基本任务,并在实践中产生消极后果。其次,民权主义缺乏彻底解放人民群众的内容。虽然孙中山提出"民治""平等"口号,但人民的社会政治地位并未在"国民"的名词中得到明确规定和保证。"主权在民"不可能在资产阶级共和国中实现,没有社会经济基础的革命性变化,不除去剥削现象,只能是"富人和穷人不平等的前提下的平等"。至于他的"革命程序论"也带有一定的积极意义,但没有把民主政权的建立充分放置在人民群众奋起斗争的基础上。此外,他还曾对资产阶级共和制表示无保留的倾慕。虽然共和制在当时对中国仍是一种先进的政治制度,但资产阶级民主制度的溃疡已成为事实,一些激进的民主主义者已看出它的虚伪性,而采取批判态度。孙中山这种认识状况影响了民权主义的深度,妨碍了他对理想社会政治制度的探索。要之,作为时代的先进思潮,孙中山的民权思想反映了人民争取民主和自由的愿望和近代中国社会中的主要矛盾,体现了历史的必然趋势。

民生主义是继民族主义、民权主义后提出的"社会革命"纲领,它是三民主义体系中最具特色的部分。这是可以理解的。在帝国主义和封建主义统治下,近代中国社会经济领域中交织着复杂而又尖锐的矛盾。一方面,帝国主义侵略不断分解传统封建生产方式,把中国卷入世界市场,从而为中国资本主义发展提供某些条件。但侵略者"决不是要把封建的中国变成资本主义的中国",而是"要把中国变成它们的半殖民地和殖民地"。因此,帝国主义侵略严重压抑了中国资本主义的发展。另一方面,封建主义也是阻碍中国资本主义发展的桎梏,它所维护的封建土地所有制更是中国贫弱的根源之一。帝国主义侵略和封建主义统治,阻塞了中国资本主义化的进程。社会经济的变革,吸引了先进中国人士的目光。

近代中国先进的人们大都尝试改革社会经济,力求使国家臻于富强。《天朝田亩制度》和《资政新篇》都涉及社会经济课题,但前者的绝对平均主义显然有悖于经济趋势,后者缺乏藉以实现的社会基础,农民自身一般说来不可能突破农业社会主义的藩篱而提出较为自觉的资本主义化经济纲领。维新派虽然力主发展工商业,但又几乎一致把封建土地所有制看作神圣不可侵犯。对于现存社会秩序,他们大体持保守态度。孙中山的民生主义则是前者的继承和发展,并广泛吸取了西方的有关思想素材,使民生主义具有新的内容和形式。民生主义的主要内容如下:实行"土地国有","平均地权"方案,达到预防垄断的流弊、解决农民自身问题和扩大税收;迅速发展实业,使中国能像西方国家那样工业化。民生主义尽管具有重视社会主义色彩,但实质是最大限度地发展资本主义的社会经济纲领。

土地问题在民生主义中占有重要地位。孙中山很早就已注意这个问题,在兴中会越南分会1903年入会誓词中已规定了"平均地权"的条文,同盟会制订的《革命方略》中的《军政府宣言》比较完整地表述了"平均地权"的内涵:核定地价,现有地价归土地占有者所有,革命后社会进步导致的地价增值部分归国家所有,而为国民所共享。孙中山认为民生主义是"革命之经纶","治国之大本",也是解决社会问题之第一步方法。"平均地权"、"土地国有"实施的具体步骤和措施首先是核定地价,然后按地价收税,再次是照价收买。这意味着国家实施土地征收权,而且也是对地主企图逃避税收的一种制裁。最后就是土地涨价归公。孙中山认为这种土地方案可以抑止地主不劳而获,坐享其成;同时又可使国家增加收入。平均地权,不是把土地"从实分配";"土地国有"也并非将土地

"尽归国有"。孙中山把自己的土地方案作为防止垄断的重要手段，避免贫富两极分化，能给社会全体成员带来福利。广大劳动人民的全部赋税将减除，国家将获得庞大的地租来改善农民的处境。

资本是民生主义的另一重大课题。孙中山把实业化——资本主义发展视为当时中国的历史必然。他对未来共和国的社会经济状况作了这样的构想：全国开放，拓展对外贸易，修建铁路，开发天然资源，人民的生活日渐富裕。在旧民主主义革命的艰难日子里，孙中山为中国实现近代化编制了一幅宏伟的蓝图——《实业计划》，主张对铁路、港口、水陆运输、电力、石油、钢铁、机械、建筑、纺织等部门大力加以建设。至于资本主义化的途径问题，孙中山的主张颇有特色：实行"节制资本"，发展"国家社会主义"。"节制资本"即限定私人资本的经营范围，重大的、具有独占性的部分和企业不宜和不能由私人资本经营。"国家社会主义"则是对"节制资本的补充"，确认的重大经济部门和企业，如铁路、电气、水道等等，都归国有经营。

民生主义的缺陷主要是缺乏彻底反封建内容，不能满足广大农民耕者有其田的迫切要求，对农村现实不合理的土地制度没有切实可行的办法。此外，主观社会主义色彩也具有混淆革命阶段的消极作用。

但是民生主义在当时历史条件下具有积极进步作用。它反映了人民发展社会经济的热切愿望，努力把社会物质文明建设提高一个新高度。而且，力求防止资本主义垄断带来的恶果，显示出对工农大众的利益的关怀。因此，民生主义是近代中国自觉实施近代化发展的进步经济纲领。

辛亥革命以后，孙中山一度认为清王朝被推翻和共和政体确立，意味着民族、民权主义实现。但袁世凯的倒行逆施使孙中山深深反思。1913年宋教仁被刺更使孙中山惊醒，他毅然举起"二次革命"的旗帜，从此开始了反对充当帝国主义走狗的封建军阀的长期斗争。然而，捍卫共和制度的斗争屡屡失败，两次开府广州进行护法运动，都以悲剧告终：第一次护法运动以桂系军阀的排斥而失败；第二次护法运动则因陈炯明叛变而瓦解。三民主义在实践中受到了严峻考验，孙中山认识到必须改弦易辙。俄国十月社会主义革命的胜利，给处于困境中的孙中山以新的希望。他把苏俄和欧美作了比较，结论是俄国的民主是新式的，值得中国仿效。1919年五四运动的爆发与1921年中国共产党成立，使中国民主革命进入新的阶段。在共产党人帮助下，1924年孙中山在广州召开中国国民党第一次全国代表大会，确立了"联俄、联共、扶助农工"的三大政策，重新解释了三民主义。新三民主义是旧三民主义的继承，又是在新时期的发展。

新民族主义的突出特点是明确提出了反帝口号，并把反帝作为民主革命的首要任务。同时，孙中山提出"承认中国以内各民族之自决权，于反对帝国主义之革命获得胜利后，当组织自由统一的中华民国"。新民权主义对资产阶级民主政体表示了一定的否定。他指出西方各国的民权制度，正成为资产阶级专有并用以压迫平民的工具，而国民党的民权主义则是为平民所共有，不允许反动分子享有民主权利。这种观点已接近中国共产党的人民民主主义。毛泽东对此给予高度评价："除了谁领导这一问题外，当作一般的政治纲领来说，这里所说的民权主义，是和我们所说的人民民主主义式新民主主义相符合的……如果加上工人阶级的领导，就是人民民主专政的国家制度了。""新民生主义"对"平均土地"和"节制资本"有了新的诠释。"平均地权"开始注意解决农民的土地问题，提出"耕者有其田"的口号，反映农民获得土地的愿望。但在怎样实现这个目标的问题上，孙中山却未主张土地革命，只要求地主与政府合作，以缓和的办法让农民得益。"节制资本"明确规定私人企业的活动范围，重大的经济部门和企业，如银行、铁道等，均由国家经营。既可避免私人资本操纵国计民生的弊端，又能迅速发展社会经济。

　　孙中山所倡导的三民主义，摆脱了农民阶级和资产阶级维新派的理论缺陷，把民主革命思想提到崭新的高度，成为共产党诞生前最进步与科学的政治纲领。在新的民主革命阶段，它又获得了重大发展，提出反帝纲领和反封建主张，确立三大政策，使新三民主义与中国共产党的最低纲领基本一致，成为国民革命的旗帜。同时，自觉地接受共产党人的帮助，在完成思想上的过程中，促成了民族民主统一战线的形成。

6 马克思主义在广东的传播

广东是中国近代先进思想的主要策源地之一。鸦片战争以来,曾是民主主义思潮激荡之地,开风气之先,领风气之先。在新世纪,又是马克思主义较早传播的地区。

在自己的著述中最早提到马克思的中国人应当是梁启超。1902年10月的《新民丛报》第18期上发表了梁启超的《进化论革命者颉德之学说》,称马克思是社会主义的泰斗。1903年至1906年,他又不断著文提到马克思,并称"社会主义为将来世界最高尚美妙之主义"。应当提出,以1903年为发端,马克思主义被频繁地介绍到中国来并不是偶然的。资产阶级民主革命思想高扬,满怀爱国和变革热忱的青年和知识分子们,为了挽救民族危亡,使中国臻于富强,在如饥似渴地向西方学习。他们看到号称富裕、文明的资本主义,不是美满的天堂:社会贫富两极分化,工人运动日益高涨。因此,他们认为中国革命应以此为戒。所以,他们把社会主义学说介绍到中国来。当时,人们虽然介绍马克思主义学说,但却没有能够科学地理解和认真地接受。梁启超甚至把社会主义附会为中国自古就有的观念。他称赞社会主义,认为社会主义属于改良主义。

直至同盟会成立后,资产阶级革命民主派大力宣传民主思想时也介绍了马克思学说和社会主义。其中,接触较早的是孙中山。他于1905年在布鲁塞尔访问第二国际书记处,以"中国的社会主义者"自称,要求加入第二国际,并主张"中国的社会主义者要采取欧洲的生产方式",使中国由"中世纪的生产方式将直接过渡到社会主义的生产阶段,而工人不必接受被资本家剥削的痛苦"。孙中山的民生主义,也带有某些主观社会主义学说的色彩。在资产阶级革命民主派的理论家中介绍马克思主义最突出的是朱执信。1906年,他写了一篇《德意志社会革命家小传》,发表在《民报》第2号上,介绍马克思、恩格斯的革命活动并高度评价他们的著作。他指出:在马克思、恩格斯之前,抨击资本主义和宣传社会主义者大有人在,但他们大都找不到资本主义罪恶的根源,也无法把握真正的医救社会的办法。马克思、恩格斯揭示了资本主义制度的要害,展现出一条革命的康庄道路,社会主义由空想变为科学。朱执信还着重介绍了《共产党宣言》关于阶级斗争的论述,全文翻译了其中的十项纲领。此外,他还涉及了《资本论》的主要内容。他对这两本著作给予高度评价,称之为各国共产同盟会的"金科玉律"。朱执信旋即又发表了《论社会革命当与政治革命并行》,再次对马克思科学社会主义表示高度信仰。1906年,同盟会员廖仲恺在《民报》第7、9号发表译文《社会主义史大纲》和《无政府主义和社会主义》,表达他对马克思主义的赞赏和对无政府主义的鄙薄。译文在广东颇为流行,甚有影响。

资产阶级革命民主派之所以对马克思主义和社

主义表示赞赏和敬意,主要是因为他们开展资产阶级民主革命活动时可以从中吸取一些思想营养。首先,马克思主义有关反封建的论述,使他们得到启迪和鼓舞,并力图作为他们反封建斗争的武器。其次,用马克思主义学说认识社会,大体能够分清谁是革命的敌人,辨明谁是革命的依靠力量。这是近代中国的先进人士向西方寻求真理的必然趋向,也是特点之一。然而,当时中国工人阶级还没有成为独立的自觉政治力量,马克思主义还没有成为中国社会内在的迫切需要。革命民主派无法摆脱其阶级的、历史的局限,不能科学地理解和真正接受马克思主义。这种社会状况,阻碍了他们对马克思主义的进一步研究和介绍。

五四运动以后,中国民族工业在第一次世界大战后获得空前发展,中国工人阶级也随之成长起来,出现了200万以上的产业工人队伍,使马克思主义在中国有了生根发芽的社会基础。而俄国十月社会主义革命的胜利,引起中国人民的无限向往,创造了马克思主义广泛传播的有利条件。

十月革命第三天(1917年11月10日),革命民主派办的《民国日报》就已报道了这桩伟大事件。广州的《中华新报》也于23日刊出革命成功的消息,并在26日发表的评论中指出俄国革命将对中国产生巨大影响。一个月后,广州《中华新报》又报道俄国苏维埃政权地位日益巩固。1918年,苏俄政府宣布取消与各国订立的一切不平等条约。为此,孙中山致电列宁,表示对俄国革命的钦佩,并愿与俄国共产党共同斗争。

俄国十月社会主义革命的胜利，大大促进了马克思主义在中国的传播。

五四时期，最早向广东人民系统介绍马克思主义的是杨匏安（广东中山市人）。他曾留学日本接触社会主义思潮，归国后任职于《中华新报》。在五四运动和新文化运动潮流的影响下，他从1919年6月始，在《中华新报》副刊《通俗大学校》栏，以"世界学说"为总标题，发表40多篇文章，广泛介绍西方哲学、社会学、心理学和美学等各种流派。其中最重要的篇幅，则是题为《马克思主义——称科学社会主义》。从1919年11月11日起，连载了19天，与李大钊的《我的马克思主义观》下半篇，几乎同时问世。这篇文章，热情洋溢地歌颂了马克思主义——科学社会主义形成的丰功伟绩，他说，自从马克思理论问世，社会主义诞生，在理论和实践上，其他的社会思潮都失去光辉。他介绍马克思的唯物史观、阶级斗争论和剩余价值学说，并称马克思主义是达到当今社会进步思想的最高峰。杨匏安还在文章中着重指出，生产力是一切社会变化的最高动因。如果生产力受束缚，社会革命便成为必然。至于剩余价值，也是近代社会发生阶级冲突的根源。解决这个矛盾的唯一方法，是工人阶级取得国家权力并把一切生产工具收归国有。1922年，广东区社会主义青年团改组。作为区团机关刊物的《青年周刊》发表了杨匏安写的创刊宣言，声明："我们最服膺马克思主义！因为他的经济学说能把资本制度应当崩坏的纯经济的、纯机械的历程阐明；他的革命的无产阶级学说,就是指示我们实现社会主义的实际道路。"随后,杨匏安以白话写成《马克思主义浅说》,用通俗、系统的文笔介绍马克思主义,文章最后号召"劳动者奋起革命!"他的这些文章有力地促进了马克思主义的广泛传播,帮助广大劳动者掌握马克思主义,给进步的知识分子以积极影响,抵制各种假社会主义。

继杨匏安之后,在广东宣传马克思主义的是陈独秀和他的学生谭平山。谭平山紧紧抓住马克思主义要与中国国情相结合的这一基点,使他的思想显示出卓越的特点。他重视农民运动,并对广东社会主义青年团团员有重要、积极的影响。1920年夏,谭平山等到广州,创办《广东群报》,积极宣传新文化和社会改造。年底,陈独秀也来广州,于1921年春重建广东共产党组织,谭平山任书记。《广东群报》成为中共地方党的机关报,它还大量转载了中共中央机关刊物《共产党》的文章,成为南中国宣传马列主义的主要阵地。《广东群报》着重介绍马克思、列宁的生平和学说,以及国际共产主义运动的重要文献,大大开拓了广东人民的眼界,提高了人们对马克思主义和国际共产主义运动的认识和理解。同时,报道国际、国内和本省的工人运动状况,鼓励工人阶级学习苏俄工人,团结起来为实现共产主义而进行革命斗争。此外,《广东群报》还大力批判无政府主义,从思想上纯洁党团组织。最突出的思想交锋,则是陈独秀与无政府主义者区声白在该报的六次论战,后来又在《新青年》杂志上转载,在全国有很大的影响。这次论战极大地帮助广大青年划清马克思主义与无政府主义的界线，不仅促进了马列主义的传播，也为重建广东党组织扫除了思想障碍。

马克思主义在中国的广泛、深入的传播，标志着中国革命的新时期的来临。在广州地区亦复如此，揭开了历史的新篇章。

结　语

广州，是我们祖国的历史文化名城。追溯到4000多年前，先民们就已经在这里扎根和休养生息，并创造了岭南的原始文化。随着经济与社会的发展，广州经历了不同的历史时期而成为今天具有现代文明的大城市。广州有着悠久的历史、优越的自然环境和地理位置，形成了独特的地方文化。

广州自古以来就是中国南方的门户和对外贸易的重要港口。时至今日，广州仍是中国联系世界的主要纽带。1984年，国家把广州列为进一步开放的沿海城市。广州将在改革和对外开放中加快建设的步伐，日新月异。

广州又是一座英雄的城市，具有光荣的革命传统。在剧变中的近代时期，更为明显。鸦片战争前后，林则徐在广州领导了举世闻名的抗英禁烟运动。三元里人民英勇抗击了英国侵略者。太平天国领袖洪秀全在广州进行了起义的准备工作。广州是中国旧民主主义革命时期资产阶级活动的主要地区之一。维新思潮和运动在这里勃发，康有为、梁启超等留下了自己的印记。资产阶级革命派将这里作为"战争事业"的发端，黄花岗之役吹响了辛亥革命的前奏。在19世纪20世纪之交的30年中，广州成为孙中山从事革命活动的中心之一。1921年中国共产党成立后，广州又成为中国大革命的策源地。具有历史意义的国民党"一大"在广州召开，实现第一次国共合作。1926年北伐战争开始，国民革命军从广州出发奔赴前线。经过20多年曲折艰苦的斗争，广州终于在1949年10月迎来了新的曙光。

中华人民共和国的成立，揭开了广州历史的新篇章。近30年来，在中国共产党的基本路线和邓小平理论的指导下，广州在改革开放与社会主义现代化建设方面取得了巨大的成就，曾经创造过光辉灿烂文化的广州人民，一定会再创辉煌，把这个历史文化名城建设得更美好。

此书为广州市黄埔军校研究基地出版资助项目。

参考书目

1. 张磊：《孙中山思想研究》，中华书局，1981。
2. 《广州百年大事记》，广东人民出版社，1984。
3. 《广州港史》，海洋出版社，1985。
4. 杨万秀等编著《广州史话》，广东人民出版社，1986。
5. 方志钦等主编《简明广东史》，广东人民出版社，1987。
6. 杨万秀主编《广州名人传》，暨南大学出版社，1994。
7. 《中共广州地方史》，广东人民出版社，1995。
8. 杨万秀、钟卓安主编《广州简史》，广东人民出版社，1996。

《中国史话》总目录

系列名	序号	书名	作者	
物质文明系列（10种）	1	农业科技史话	李根蟠	
	2	水利史话	郭松义	
	3	蚕桑丝绸史话	刘克祥	
	4	棉麻纺织史话	刘克祥	
	5	火器史话	王育成	
	6	造纸史话	张大伟	曹江红
	7	印刷史话	罗仲辉	
	8	矿冶史话	唐际根	
	9	医学史话	朱建平	黄　健
	10	计量史话	关增建	
物化历史系列（28种）	11	长江史话	卫家雄	华林甫
	12	黄河史话	辛德勇	
	13	运河史话	付崇兰	
	14	长城史话	叶小燕	
	15	城市史话	付崇兰	
	16	七大古都史话	李遇春	陈良伟
	17	民居建筑史话	白云翔	
	18	宫殿建筑史话	杨鸿勋	
	19	故宫史话	姜舜源	
	20	园林史话	杨鸿勋	
	21	圆明园史话	吴伯娅	
	22	石窟寺史话	常　青	
	23	古塔史话	刘祚臣	
	24	寺观史话	陈可畏	

系列名	序号	书名	作者
物化历史系列（28种）	25	陵寝史话	刘庆柱　李毓芳
	26	敦煌史话	杨宝玉
	27	孔庙史话	曲英杰
	28	甲骨文史话	张利军
	29	金文史话	杜　勇　周宝宏
	30	石器史话	李宗山
	31	石刻史话	赵　超
	32	古玉史话	卢兆荫
	33	青铜器史话	曹淑芹　殷玮璋
	34	简牍史话	王子今　赵宠亮
	35	陶瓷史话	谢端琚　马文宽
	36	玻璃器史话	安家瑶
	37	家具史话	李宗山
	38	文房四宝史话	李雪梅　安久亮
制度、名物与史事沿革系列（20种）	39	中国早期国家史话	王　和
	40	中华民族史话	陈琳国　陈　群
	41	官制史话	谢保成
	42	宰相史话	刘晖春
	43	监察史话	王　正
	44	科举史话	李尚英
	45	状元史话	宋元强
	46	学校史话	樊克政
	47	书院史话	樊克政
	48	赋役制度史话	徐东升

系列名	序号	书名	作者		
制度、名物与史事沿革系列（20种）	49	军制史话	刘昭祥	王晓卫	
	50	兵器史话	杨毅	杨泓	
	51	名战史话	黄朴民		
	52	屯田史话	张印栋		
	53	商业史话	吴慧		
	54	货币史话	刘精诚	李祖德	
	55	宫廷政治史话	任士英		
	56	变法史话	王子今		
	57	和亲史话	宋超		
	58	海疆开发史话	安京		
交通与交流系列（13种）	59	丝绸之路史话	孟凡人		
	60	海上丝路史话	杜瑜		
	61	漕运史话	江太新	苏金玉	
	62	驿道史话	王子今		
	63	旅行史话	黄石林		
	64	航海史话	王杰	李宝民	王莉
	65	交通工具史话	郑若葵		
	66	中西交流史话	张国刚		
	67	满汉文化交流史话	定宜庄		
	68	汉藏文化交流史话	刘忠		
	69	蒙藏文化交流史话	丁守璞	杨恩洪	
	70	中日文化交流史话	冯佐哲		
	71	中国阿拉伯文化交流史话	宋岘		

系列名	序号	书名	作者
思想学术系列（21种）	72	文明起源史话	杜金鹏　焦天龙
	73	汉字史话	郭小武
	74	天文学史话	冯时
	75	地理学史话	杜瑜
	76	儒家史话	孙开泰
	77	法家史话	孙开泰
	78	兵家史话	王晓卫
	79	玄学史话	张齐明
	80	道教史话	王卡
	81	佛教史话	魏道儒
	82	中国基督教史话	王美秀
	83	民间信仰史话	侯杰
	84	训诂学史话	周信炎
	85	帛书史话	陈松长
	86	四书五经史话	黄鸿春
	87	史学史话	谢保成
	88	哲学史话	谷方
	89	方志史话	卫家雄
	90	考古学史话	朱乃诚
	91	物理学史话	王冰
	92	地图史话	朱玲玲

系列名	序号	书名	作者	
文学艺术系列（8种）	93	书法史话	朱守道	
	94	绘画史话	李福顺	
	95	诗歌史话	陶文鹏	
	96	散文史话	郑永晓	
	97	音韵史话	张惠英	
	98	戏曲史话	王卫民	
	99	小说史话	周中明	吴家荣
	100	杂技史话	崔乐泉	
社会风俗系列（13种）	101	宗族史话	冯尔康	阎爱民
	102	家庭史话	张国刚	
	103	婚姻史话	张 涛	项永琴
	104	礼俗史话	王贵民	
	105	节俗史话	韩养民	郭兴文
	106	饮食史话	王仁湘	
	107	饮茶史话	王仁湘	杨焕新
	108	饮酒史话	袁立泽	
	109	服饰史话	赵连赏	
	110	体育史话	崔乐泉	
	111	养生史话	罗时铭	
	112	收藏史话	李雪梅	
	113	丧葬史话	张捷夫	

系列名	序号	书名	作者	
近代政治史系列（28种）	114	鸦片战争史话	朱谐汉	
	115	太平天国史话	张远鹏	
	116	洋务运动史话	丁贤俊	
	117	甲午战争史话	寇伟	
	118	戊戌维新运动史话	刘悦斌	
	119	义和团史话	卞修跃	
	120	辛亥革命史话	张海鹏	邓红洲
	121	五四运动史话	常丕军	
	122	北洋政府史话	潘荣	魏又行
	123	国民政府史话	郑则民	
	124	十年内战史话	贾维	
	125	中华苏维埃史话	温锐	刘强
	126	西安事变史话	李义彬	
	127	抗日战争史话	荣维木	
	128	陕甘宁边区政府史话	刘东社	刘全娥
	129	解放战争史话	朱宗震	汪朝光
	130	革命根据地史话	马洪武	王明生
	131	中国人民解放军史话	荣维木	
	132	宪政史话	徐辉琪	付建成
	133	工人运动史话	唐玉良	高爱娣
	134	农民运动史话	方之光	龚云
	135	青年运动史话	郭贵儒	
	136	妇女运动史话	刘红	刘光永
	137	土地改革史话	董志凯	陈廷煊
	138	买办史话	潘君祥	顾柏荣
	139	四大家族史话	江绍贞	
	140	汪伪政权史话	闻少华	
	141	伪满洲国史话	齐福霖	

系列名	序号	书名	作者
近代经济生活系列（17种）	142	人口史话	姜 涛
	143	禁烟史话	王宏斌
	144	海关史话	陈霞飞 蔡渭洲
	145	铁路史话	龚 云
	146	矿业史话	纪 辛
	147	航运史话	张后铨
	148	邮政史话	修晓波
	149	金融史话	陈争平
	150	通货膨胀史话	郑起东
	151	外债史话	陈争平
	152	商会史话	虞和平
	153	农业改进史话	章 楷
	154	民族工业发展史话	徐建生
	155	灾荒史话	刘仰东 夏明方
	156	流民史话	池子华
	157	秘密社会史话	刘才赋
	158	旗人史话	刘小萌
近代中外关系系列（13种）	159	西洋器物传入中国史话	隋元芬
	160	中外不平等条约史话	李育民
	161	开埠史话	杜 语
	162	教案史话	夏春涛
	163	中英关系史话	孙 庆

系列名	序号	书名	作者	
近代中外关系系列（13种）	164	中法关系史话	葛夫平	
	165	中德关系史话	杜继东	
	166	中日关系史话	王建朗	
	167	中美关系史话	陶文钊	
	168	中俄关系史话	薛衔天	
	169	中苏关系史话	黄纪莲	
	170	华侨史话	陈民	任贵祥
	171	华工史话	董丛林	
近代精神文化系列（18种）	172	政治思想史话	朱志敏	
	173	伦理道德史话	马勇	
	174	启蒙思潮史话	彭平一	
	175	三民主义史话	贺渊	
	176	社会主义思潮史话	张武 张艳国	喻承久
	177	无政府主义思潮史话	汤庭芬	
	178	教育史话	朱从兵	
	179	大学史话	金以林	
	180	留学史话	刘志强	张学继
	181	法制史话	李力	
	182	报刊史话	李仲明	
	183	出版史话	刘俐娜	
	184	科学技术史话	姜超	

系列名	序号	书名	作者
近代精神文化系列（18种）	185	翻译史话	王晓丹
	186	美术史话	龚产兴
	187	音乐史话	梁茂春
	188	电影史话	孙立峰
	189	话剧史话	梁淑安
近代区域文化系列（11种）	190	北京史话	果鸿孝
	191	上海史话	马学强　宋钻友
	192	天津史话	罗澍伟
	193	广州史话	张磊　张苹
	194	武汉史话	皮明庥　郑自来
	195	重庆史话	隗瀛涛　沈松平
	196	新疆史话	王建民
	197	西藏史话	徐志民
	198	香港史话	刘蜀永
	199	澳门史话	邓开颂　陆晓敏　杨仁飞
	200	台湾史话	程朝云

《中国史话》主要编辑
出版发行人

总 策 划 谢寿光　王　正
执行策划 杨　群　徐思彦　宋月华
　　　　　　梁艳玲　刘晖春　张国春
统　　筹 黄　丹　宋淑洁
设计总监 孙元明
市场推广 蔡继辉　刘德顺　李丽丽
责任印制 岳　阳